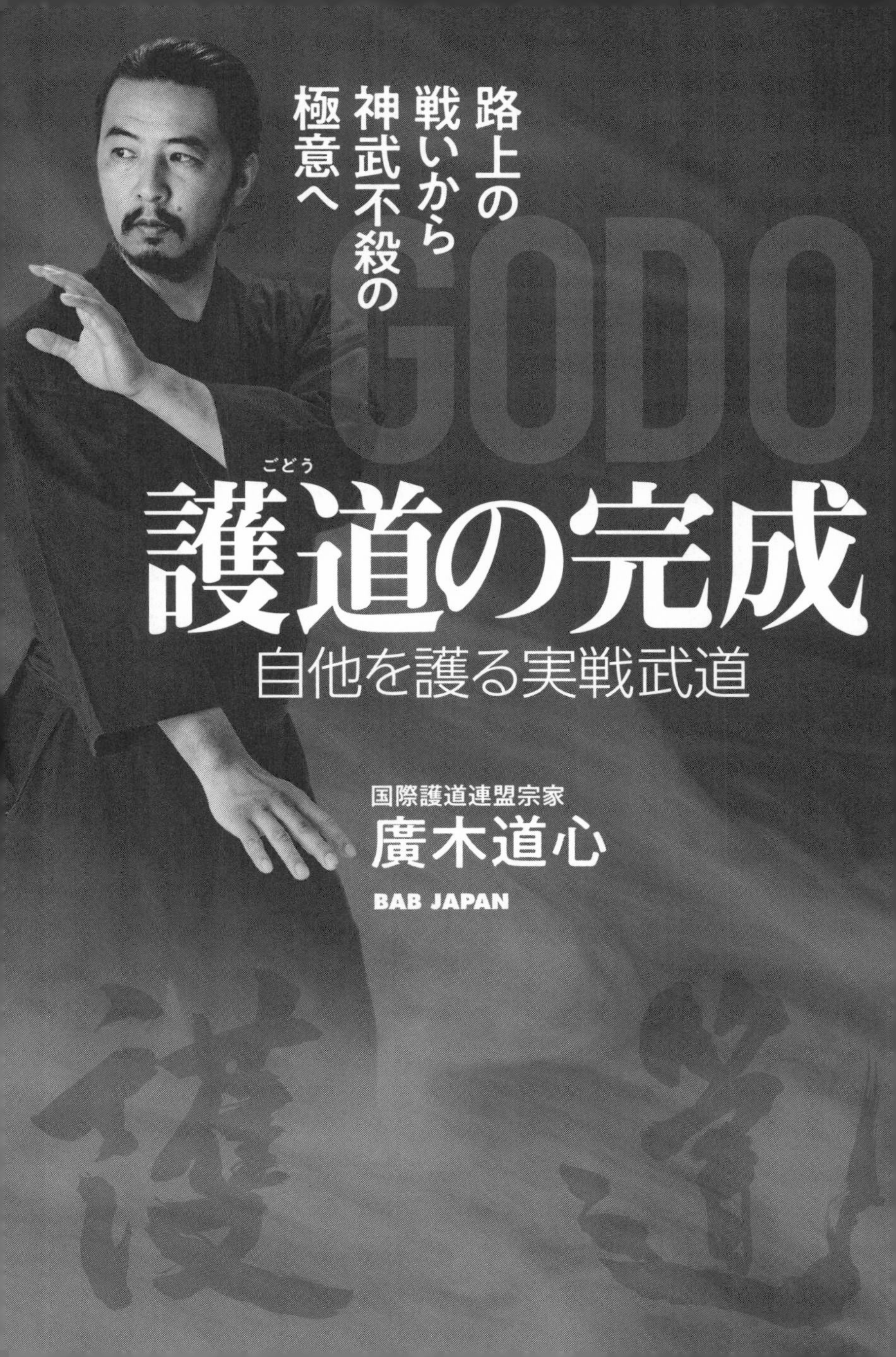
路上の戦いから神武不殺の極意へ
GODO
護道の完成
自他を護る実戦武道
国際護道連盟宗家
廣木道心
BAB JAPAN

ストリートファイトから自他護身へ

「護道(ごどう)って何だ？」

そう思って本書を手に取られた方もおられるかもしれません。

2021年1月にNHK BSプレミアムで放送された武術がテーマのテレビ番組「明鏡止水 武のKAMIWAZA」に出演させていただくと、護道に関する多くの反響がありました。

「介護施設でのパニック対応に用いられている争わない武道があるなんて知らなかった！」「これからの時代に必要だと思う」「護道を学校教育に取り入れるべき！」「魔法みたいで不思議だ（木刀を持つ相手やレスリング経験者を軽く押さえている実技に対して）」…という視聴者からの感想がネット上で掲載されていました。

「護道は、お互いに傷つけない自他護身を目指して開発した新しい武道です」

そういうと「平和主義なのですね！」と評価してくださる方もいました。しかし、実際のところ護道に至るまでの私は「勝てば官軍、負ければ賊軍」という発想で喧嘩に勝つこと、強くなることだけを考えて機会があるごとに争っていました。

そんな私が実戦を交えた試行錯誤の中で、様々な出来事や人との巡り会いを通じて心身が変化していった結果、護道が生まれたのです。

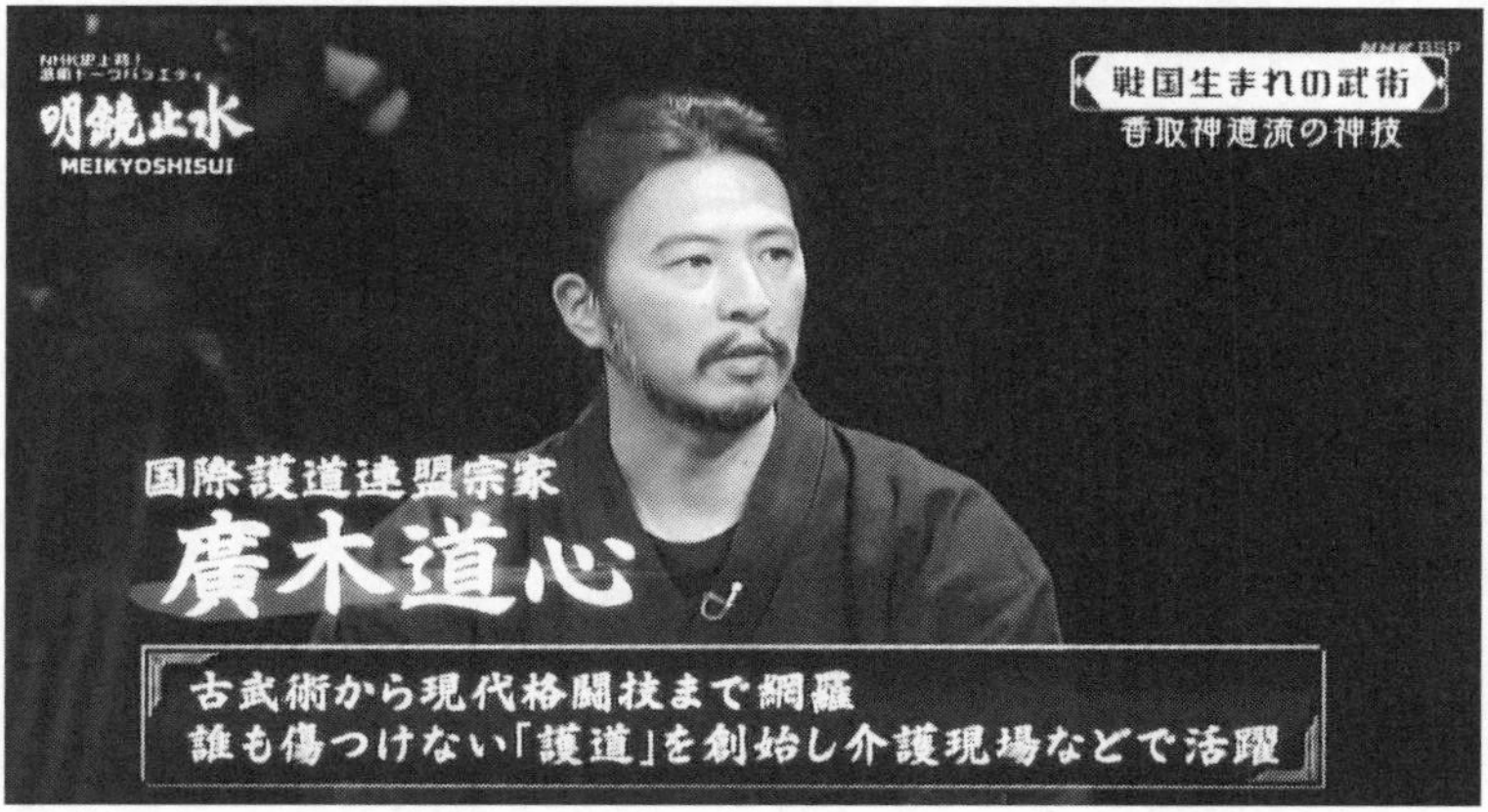

NHK BS プレミアム「明鏡止水　武の KAMIWAZA」に出演（2021 年）。

さらに自他護身を追求する中で、合気や無念無想といった古の達人技の解明にまで発展し、争わない心の在り方こそが人間の能力を最大限に引き出す武術の極意であることに気付くことができました。

今回、そうした経緯を伝えることが「護道とは何か？」あるいは「極意とは何か？」の理解に繋がると思い、自身の経験談を含めて本書を執筆させていただきました。

本書を読まれた方々が自他護身の発想を知ることによって、武術の知恵や極意に触れるきっかけとなり、そのことを通じて穏やかな人生を送る手助けになれば幸いです。

２０２１年　国際護道連盟宗家　廣木道心

CONTENTS

護道
INTERNATIONAL GODO FEDERATION
国際護道連盟

第1章

引き分けにもっていく「先制防御」

護道

国際護道連盟

引き分けの武道

「護道とは、どんな武道ですか？」

そう聞かれた時「護道は引き分けの武道です」と答えてきました。

護道は自分を護り相手も護るという「自他護身（じたごしん）」を理念として稽古が行われており、それは単なる理想論ではなく、それを体現できるような技術体系で構成されています。

しかし、武道に造詣の深い人ほど首を傾げる方がおられました。なぜなら「武道とは本来、武術としての生死をかけた闘いが発祥であり、負けは死を意味するため、いかなる状況においても勝たなければならない。武術はそうした厳しさを伴うものだ！」という考えの修行者もおられるからです。

また競技化された柔道や空手などの現代武道の試合を見慣れている方々からは「引き分けでは勝敗がわかりませんよね？どうやって勝敗を決めるのですか？」と言われたりもしました。

確かに武術は生死をかけた闘いが発祥であり、使い方によっては危険性の高い技術も存在しています。

そうした武道に含まれる危険性について、現代社会でもっとも危惧されることが多いのは、意外にも武道の必修化になった学校教育の現場だったりします。

例えば空手部の学生が年輩の指導者の頭部を蹴って死亡させてしまった事件や、柔道部顧問による体罰と称した傷害事件のニュースがありました。特に中学・高校での「柔道事故」による死亡者は約30年間の統計では年平均４人以上の青少年が亡くなっているといわれ、それは他のスポーツと比較しても突出していることから危険性について指摘されています。

いくら武道の修行に精神鍛錬が含まれているとはいえ、繰り返し稽古してきた技が、何らかのきっかけで反射的に出てしまう可能性はあるでしょう。

いや、むしろ無意識に技が出るようになるために鍛錬するわけですから、そのコントロールを理性だけに委ねるのは難しいと私は感じています。ついカッとなった時に突き蹴りが出る、取っ組み合ったら投げてしまった…ということは過去の事件の例からもわかると思います。

また近代武道においては競技化してしまうことへの落とし穴、つまり「競技と護身にはどうしても相容れない部分がある」ことへの理解も必要です。競技はあくまでも競技内での勝敗を争うものでスポーツでありゲームです。その枠の外のことは考えなくてもいいものです。例えば、世界チャンピオンを目指すボクサーが、ナイフの捌き方や投げ技を身につける必要はありません。

しかし、護身となるとあらゆることが想定内になります。そして、身を護ることは必要ですが、そのために反撃して相手に怪我を負わせた場合、大半が正当防衛にはならず、逆に傷害罪として罰せられることがあります。

昔の武芸者が腕試しに果たし合いを行っていた頃とは違い、喧嘩で相手を殺して自分が生き残っても、現代社会では殺人者として法律により裁かれて社会的信用を失います。そうなると殺傷能力の高い技を有する武道の稽古をして、事故や事件に巻き込まれる可能性があるならば、最初から武道を学ばないことが護身になってしまいます。

ですから、指導中の事故であれ、街中の喧嘩であれ、殺されても、殺しても、現代社会における武道としては存在意義を失ってしまうのです。そうした社会情勢を踏まえて「自他護身」の理念と技術は現代社会において求められており、これから先の未来へ向けて必要性がますます高まっていくと感じています。

しかし、この自他護身の術理に至るまでには紆余曲折あり、数多くの回り道をしてきました。過去の私は今とは違い、常に「何をすれば強くなれるのか?」「どうやったら喧嘩で相手に勝てるか？」といったことをずっと考えながら、様々な武道や格闘技を学んできました。

そのような考え方から「どのように心境が変化していったのか？」という意識のパラダイムシフトの過程を知ることは、より深い実技の理解に繋がるでしょう。そして、無駄を削ぎ落してきたプロセスを知っていれば、護道を学ぶ上で新たに無駄なものを付け足してしまうミスを避けることにもなると思います。

実践における試行錯誤の中で、様々な人との巡り会いを通じて会得した引き分けの武道である「護道」。その術理をご紹介していきます。

護道の術理解説

護道構え

まずは護道の基本戦略を現している「護道構え」について紹介したいと思います。

さて、次頁写真の「護道構え」を見て、違和感をもたれる方もおられるのではないでしょうか？

従来の武道、特に打撃系と呼ばれる武道や格闘技では、自身の攻撃を受ける面積を減らそう護道では攻撃を受けるという従来の発想から脱却し、「先制防御」で先に攻撃を封じることを目的とした構えをとっている。

という考えから半身に構えることが多くあります。そのため特に身体の中心を隠した構えを取っています。
また組技系と呼ばれる柔道やレスリングなどでは正面を向いて構えますが、腕は曲げて脇にくっ付けて構えています。それは密着した状態での攻防を想定しているためでもあります。こ

の腕の状態については打撃系の武道でも、相手を拳などで攻撃する屈伸運動の必然性から、同じく腕を曲げた構えを取っていることが大半です。

そのため、最初から両腕を前方へ伸ばした構えは、組技系においても打撃系においても前例のない異質なものとして映ると思われます。しかし、その構えの違和感こそが重要なポイント

打撃系武道の構え

組技系武道の構え

打撃系では半身になることで、正面からの攻撃の的になる面積を減らすことを目的とした構えが多い。しかし、半身でも攻撃を受けることには変わりないため、逆に回し蹴りなどの側面からの攻撃に対する打撃面は大きくなる。また半身であるため、正面よりは背中側に回り込まれやすく、背後を取られる危険性が伴う。そのため打撃のない組技系では、正面を向いた構えが多い。しかし、打撃がある場合、正面からの攻撃を受けやすい。

なのです。

通常、空手やボクシングなどの主に打撃系と呼ばれる武道・格闘技の場合、間合いは離れて殴り合ったり、蹴り合ったりします。逆に組技系と呼ばれる柔道やレスリングでは相手の衣服を掴み合い、身体に密着してから相手を投げ崩していきます。もしくはその両方を行う総合系に大きく分けられています。

しかし、護道では先に相手の攻撃を封じていく「先制防御」を基本戦略としています。例えば相手の両手を取り封じることができれば、自身が相手を殴ったり、衣服を掴み投げたりすることはできなくなりますが、それは同時に相手も殴ったり掴んで投げることができないことを意味しています。その後、相手の側面や背面に組み付くことで蹴られることもなくなります。つまり、お互いに傷つけない「引き分け」の状態を作っていくわけです。

また手を取ることから、合気道のような感じですか?といわれることがありますが、合気道では相手の力を利用して投げ技に転じたりすることが術理の特徴ですが、護道では相手の力を先に止めることを重視しています。例えば、突きを捌いてその力を利用して投げ技に転じるにしても、もし突きを避けそこなった場合100%の力をもらってしまうリスクが伴います。

そのため護道では、先に相手の力の出所を止めて一体化してしまうことで攻撃を受けるリスクを減らす「先制防御」を術理の主眼として体系が構築されています。

従来の武道では相手の攻撃を受けながら反撃する「防御反撃」と、その逆に攻撃を先に当てる「先制攻撃」の二つが主流で、あとは防御と同時に攻撃をしているという「攻防一体」という考えがあります。それらは全て相手を攻撃（反撃）することが前提条件のため、結果的に自分も相手の攻撃エリア内にいるというリスクが付きまといます。

しかし、護道では相手を倒す必要性がないため、相手の攻撃エリアに入るリスクはなく、攻撃武器だけを先に封じる「先制防御」が戦略の主体になっています。

従来の「攻撃を受ける～反撃をする」という発想から脱却した護道構えには、先制防御のための様々な術理が含まれています。

先制防御：相手の力を利用するのではなく、先に力を封じていく新たな護身戦略

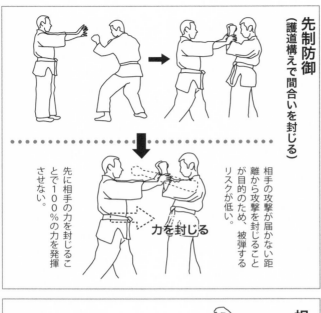

先制防御（護道構えで間合いを封じる）

相手の攻撃が届かない距離から攻撃を封じることが目的のため、被弾するリスクが低い。

先に相手の力を封じることで100%の力を発揮させない。

相手の力を利用するリスク

（相手の殴ってくる勢いを利用して投げる）

相手の力を利用する方法は、失敗した場合、相手の力を全て受けるリスクを伴う。

防御反撃のリスク

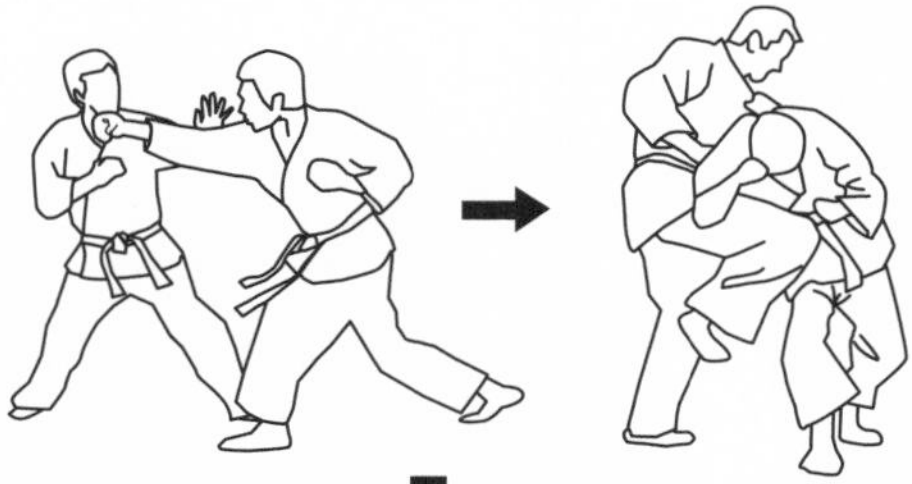

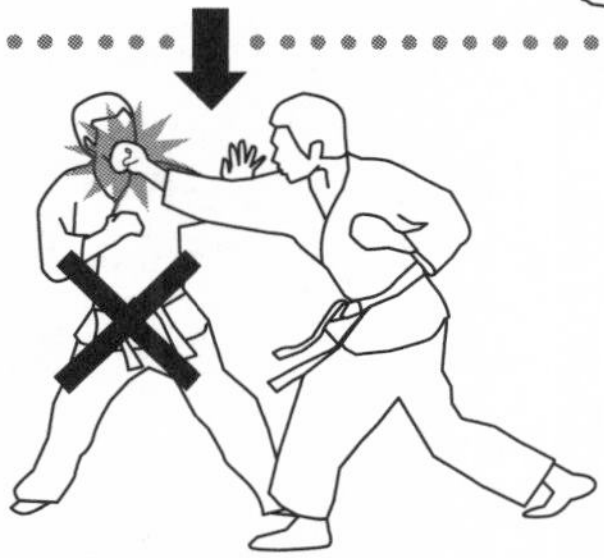

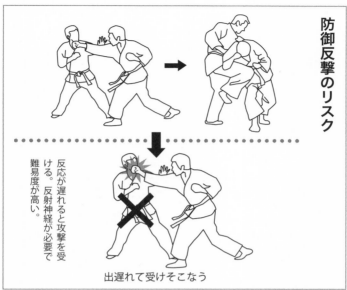

反応が遅れると攻撃を受ける。反射神経が必要で難易度が高い。

出遅れて受けそこなう

先制攻撃のリスク

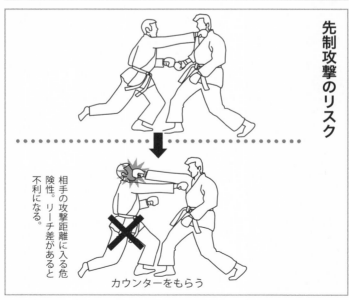

相手の攻撃距離に入る危険性。リーチ差があると不利になる。

カウンターをもらう

相手の突きが届かなくなる

相手に拳が届く最も長い距離を取ってもらう。その後、お互いの立ち位置を変えずに、こちらが護道構えで正対して再度、突きを出してもらうと、相手の拳が届かなくなる。これは相手の顔の高さに、ちょうど護道構えの手があるため、手に顔が当たることを配慮して相手が身体を前に出せない分だけ、距離の空きができるためである。

触れる意識で腕を伸ばせば届く距離も長くなる

突く動作を行う相手は中心軸（身体の中央・上下に伸びる意識の軸）で体を回しながら手を伸ばしているため、一定の距離からは腕を伸ばすことができない。

①～②手を背伸びするように上に上げてから、相手に触れることを意識して手を伸ばすと、突こうとして伸ばした腕が届かなかった距離からでも容易に手が届く。これはもちろん実際に腕が伸びたわけではなく、手を触れる意識を持つことで、中心軸を使わず（身体を捻らず）正面を向いたまま、左右軸（腰を中心に伸びる意識の軸）で上体を前に倒しているためである。この意識の違いを利用すれば、相手の突きが届かない位置から手を取ることができる。護道構えには、そうした術理も隠されている。

払う・捌くではなく、繋がる

離れた位置から相手の突きを払う動作は、右か？左か？を反射神経で対応することになるため、対応を間違えて受けそこなったり、受けが出遅れて追い詰められたり、フェイントや変化する攻撃への対応が難しい。手が離れているので相手は連続して攻撃を仕掛けることができる。

①～②護道構えから、相手の手に先に触れて途切れることのないように繋がっていく。触れていることで相手の動きの変化に対してすばやく反応できる。「こうきたら、こう受ける」という意識では、ランダムな動きに対応するのは難しいが、先に手に触れてしまえば、様々な受け技は必要がなくなる。

受けるのではなく、受けさせる

①極端なリーチ差がない限り、護道構えを無視して殴りかかると自身の顔面に手が届くことになる。

②そのため、護道構えで間合いを詰めていくと、相手は自身の顔面に手が届くことを懸念し、自ら護道構えの手を腕でブロックする形になる。
つまり、自由に攻撃をしてくる相手の腕を受けたり、払ったりするのではなく、相手に構えの手を受けさせるのである。

強さへの憧れ

「護道」の創始に至るまで、私は様々な武道や格闘技を学んできました。そして「自他護身」という理念が生まれ、その技術の体現を目指す過程を経て、新しい武道のスタイルを生み出すに至ったわけですが、その過程は同時に失敗の経験ともいえます。

しかし、この回り道とも感じる試行錯誤の過程を知ることが、より深い護道の技の理解に繋がると感じますので、これまでの武道経験を踏まえて書いていきたいと思います。

まず私が武道を本格的に学ぼうと思いはじめたのは、高校に入学することが決まってからでした。

それまでの私は武道の経験はなく、水泳はずっと続けていましたが、運動も特別できるわけでもなく、かといって勉強もさっぱりで、特技といえば新しい遊びを考えるとか、パソコンゲームのバグを見つけることぐらいで、あとは絵を描いていました。絵を描いている時が一番楽しく、将来は絵を描く仕事をするから勉強はしなくても問題ないと、漠然と考えていました。

そのため高校進学の際に「あなたの学力で進学できる高校はここしかない」と言われてしまいました。その提示された学校は、当時の大阪では評判の悪かった不良が集まる高校でした。

強さへの憧れは、誰にでもあると思います。私の場合も時代劇に出てくる剣客や仮面ライダーなど、幼少の頃からはじまった強さへの憧れや関心はずっと続いていました。

しかし、ただ願望を漠然と抱いているだけで、何か具体的に行動を起こすほどの必要性を感じることはなかったため、強さへの憧れに対してはいつも後回しになり、何もアクションを起こさないまま過ごしていました。

「北風がバイキングを作った」という諺があるように、環境が人を変えることがあります。

こうして入学準備として自主的に身体を鍛えるためのトレーニングをはじめたのが、その後の武道を学ぶことへと繋がっていったのです。

幻の目打ち

かくして高校生活がはじまったわけですが、予想通り喧嘩は日常的に起こり、廊下を歩いているだけでいきなり殴られたりしました。結局、自己流のトレーニングが実際の喧嘩で通用するほど現実は甘くはなく、「何か武道や格闘技を本格的に学ぶ必要があるな」と切実に感じるようになりました。

そこで当初、好きだった漫画『あしたのジョー』の影響で、ボクシングジムへ行き、入会案内をもらいました。未成年は保護者の了解がいるとのことで真面目に母親に交渉すると、「せっかく健康に育ったのに大ケガしたらどうするの！」と、ボクシングに対して危険なものというイメージしか持たれていなかったため、あっさり却下。

また私の目的は、いわゆる喧嘩での強さでしたので、その理由で親を説得することはできず、「勝手に判子を押して習いに行くか……」と考えはじめていた時、近所に住む頭脳明晰な大学生のお兄さんが少林寺拳法を習っているという話を母親が聞き、少林寺拳法ならいいという妥協案が出されました。

少林寺拳法とは、開祖である宗道臣（そうどうしん）氏が新たに創始した拳法で、正式名称を金剛禅少林寺拳法といいます。当時武道に関する知識がほとんどなかった私は、少林寺拳法＝アクション映画で見かける少林拳（中国河南省少林寺に伝承される中国武術）だと思っていましたが、実際には日本発祥の独自の拳法であり、またお寺で見かける卍マーク（現在は双円マーク）をシンボルとした宗教法人でもあり、他にも財団法人、学校法人、知財保護法人など様々な法人格を有する巨大な組織団体でした。

つまり少林寺拳法は宗教法人でもある道徳を重んじる団体なのですが、私が入門した動機はあくまでも「喧嘩で有効な技術」を会得することのみで、それ以外には全く関心がなく、少林寺拳法の崇高な教えに反し、道院（少林寺拳法では道場でなく道院という）で習った技はすぐに喧嘩で試していました。

そんな少林寺拳法にまつわる学生時代の喧嘩の苦い思い出は多々ありますが、ここでは、その中でも護身術を考える上で特に印象的な失敗の経験を記載しておきたいと思います。

少林寺拳法の技の中には「目打ち」という手の甲の部分からスナップを利かせて、相手の目を打ち視界を奪うという技があります。いわゆる空手の抜き手などの指先で行う目突きとは違

少林寺拳法を習っていた頃。当時はずいぶん実戦（?）でも鍛えていた。そんな経験も、現在の“自他護身”の考え方に活かされている。

い、手を開いて四指で行うためにどれかに当たれば良く、しかもスナップを利かせているので動きが早く力もいらないという理由で女性や子どもにもできる護身技として実戦で有効だと教えられていました。

またこの目打ちは、合気道や古流柔術にも共通して存在する手首への関節技である「小手返し」などをうまくかけるために、一旦意識を逸らすといった繋ぎ技としての役目も兼ねていました。

当時の私は喧嘩で相手に勝つには、特にわかりやすい「目、喉、金的」などの急所を狙うのが良いのではないか?と考えはじめていたので、一時期「目打ち信仰」に取りつかれ、そればかりを中心に練習していました。

そんなときに体の大きな力の強い相手と喧嘩になり、胸ぐらを掴まれることがありました。

私は掴まれた状態で力任せに前後に激しく揺さぶられながらも、これは技の有効性を試せる絶好のチャンス！と思い、そこですかさず目打ちをヒットさせました。

「パチッ！」という目打ちがヒットした瞬間、すぐに胸ぐらを掴んでいる相手の手を両手で掴んで捻りながら小手返しを仕掛けましたが……。目打ちがヒットしたにもかかわらず、相手の力は弱まることなく手首を捻ることができず、小手返しがかけられないのです。「そんなバカな！」と思いながらも、もう一度続けて目打ちをヒットさせたのですが、多少相手の目の周りが赤くなっただけで結果は同じでした。

しかも二度の目打ちで逆上した相手は掴んでいない反対の手で殴ってきました。私はムキになって、これまで何度も練習してきた小手返しをかけようと相手の片手を両手で掴み、必死でグイグイ押していましたが状況は変わらず、それどころか両手を使っているためにパンチをブロックすることもできず、引き付けられながら連続して殴られる羽目になってしまいました。

数発殴られた後、さすがに「技にこだわっていたらあかんわ！」と思い、掴んでいた手を離して、同じように闇雲に殴り返しました。するとその苦し紛れの突きの連打が相手の鼻や目に当たって相手は涙目になり、これまで目打ちを入れても離さなかった手をあっさりと離し、何とか難を逃れることができました。

さて、この失敗で私は大切なことを学んだのですが、まず「なぜ目打ちの効果がなかったのか？」について説明しておきたいと思います。これは実際に自分の手の甲を目に向けながら、軽く「目打ち」をやってみてもらうとわかりやすいのですが、目というのは思った以上に瞼に保護されていて瞬間的に瞼が閉じることで守られています。

つまり、いくら指が体の部位の中では細いとはいえ、小さな埃とは違うので、予想以上に目にダメージを与えるのは難しいのです。

加えて喧嘩で興奮状態だった相手はアドレナリンの分泌量が増え、平常時よりも数倍痛みに強くなっていた可能性もあります。今まで何の疑いももたずに稽古していた「目打ち」が当たっても、通用しない場合があるというのは、当時の私にとっては物凄いショックな出来事でした。

また小手返しに関しても、よくよく考えれば、両手を使って片手を押さえていることで、相手の自由に動かせる片手への防御ができず、不利になることはわかりそうなものですが、稽古では一方的な約束稽古による成功パターンのイメージを繰り返すだけで失敗した場合を想定していなかったため、実戦ではパニックになり、思考が停止してしまいました。

また、結果的に鼻や目の周りに強い打撃を加えれば相手は涙が出たわけですから、視界を奪うという意味においても目打ちにこだわる必要性もなく、逆にいえば目打ちが確実に当たる距離であるなら、単純に思いっきり殴ったほうが効果的であったわけです。

さて、ここで誤解されては困るので言っておきますが、これは少林寺拳法の技術が悪いというわけではありません。ここでの話はあくまでも個人の体験談であり、うまく使いこなせなかったのは当時の私が未熟だったからです。

ただ、逆にいえば当時の私の技術レベルでは難しいことをせずに「掴まれたら殴る」というきわめてシンプルでダイレクトな反応のほうが、まだ喧嘩で有効だったということです。もちろん、それはベストな対応ではありませんが、あくまでも初心者の自己防衛においては変に知識に囚われてしまい、上手くいかず頭が真っ白になって動けなくなるよりも、まだマシという意味です。

今振り返ると学生時代の喧嘩体験はお恥ずかしい話ばかりですが、そんな数々の失敗の積み重ねの中から、学習と実践の間にはギャップがあり、そのことを踏まえて技を構築し、発想力や感性を養っていかなければならないと理解できたことは、私にとっては貴重な体験でした。

間合い

さて、喧嘩での失敗談で私は相手に掴まれてから反撃を試みていましたが、これは襲われた際に防御して反撃するといった護身術全般に多い発想が影響しており、私はそのスタイルを総称して「防御反撃」と名付けています。しかし、この「防御反撃」のスタイルはリスクが高く、戦闘機でたとえるならミサイルを発射されてから回避するようなもので大変危険です。

逆にいえば先手必勝という言葉の通り「先制攻撃」で先にミサイルを撃ち込んでしまうほうが有利だということでもあります。ところが「先制攻撃」にも落とし穴があります。

それはちょうど私が殴り返した事例でもわかるように、自分が攻撃できるということは、相手からも反撃できるということであり、場合によっては強烈なカウンターをもらうリスクがあるということです。

それなら、攻防一体であればいいのでは？という人もいますが、残念ながら間合いの観点からすれば先制攻撃や防御反撃の場合と距離は変わりませんので、リスクは同じといえます。

さらに競技武道（格闘技）と違って、護身においては相手が素手とは限らず、ナイフなどの

両手を封じておかないと危険な理由

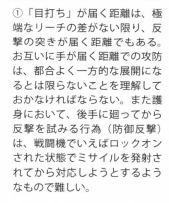

①「目打ち」が届く距離は、極端なリーチの差がない限り、反撃の突きが届く距離でもある。お互いに手が届く距離での攻防は、都合よく一方的な展開になるとは限らないことを理解しておかなければならない。また護身において、後手に廻ってから反撃を試みる行為（防御反撃）は、戦闘機でいえばロックオンされた状態でミサイルを発射されてから対応しようとするようなもので難しい。

②相手の片手に対して両手を使って関節技を仕掛ける場合、フリーになっている相手の手で攻撃されると防ぐことができず危険である。また相手がナイフなどの武器を隠し持っている可能性もある。護道で「両手を封じること」を重要視しているのはこのためである。

武器を隠し持っている可能性もあります。

実はこうした「間合い」の解釈の違いが武道・格闘技の戦闘スタイルの違いともいえます。簡単にいえば、「足が届いて蹴れる」「手が届いて殴れる」「身体を掴んで投げられる」「密着して倒せる、首を絞められる」等、その距離に合わせたスタイルがそれぞれに構築されており、その中で「先制攻撃か？　防御反撃か？」の戦略に分かれているのです。

しかし、護道では、これらの間合い（距離）での攻防の繰り返しには徹底して付き合わないことで、殴り合い、蹴り合い、掴み合いのリスクを避ける新たな「先制防御」という発想から戦略を構築しています。

そのために相手の攻撃に付き合わずに間合いを詰める技術として「護道構え」があり、それに加えて「脚止め」という技術もあります。「脚止め」とは文字通り、相手の脳に混乱を生じさせることで「足を止めさせて動きを封じること」を意味しています。

まず相手がこちらを殴る時、あるいは蹴る時、当然ながら攻撃が届く範囲まで相手は近づく必要があるため、相手が離れた距離でどれだけ動き回っていても、最終的にこちらを攻撃する

間合いの比較

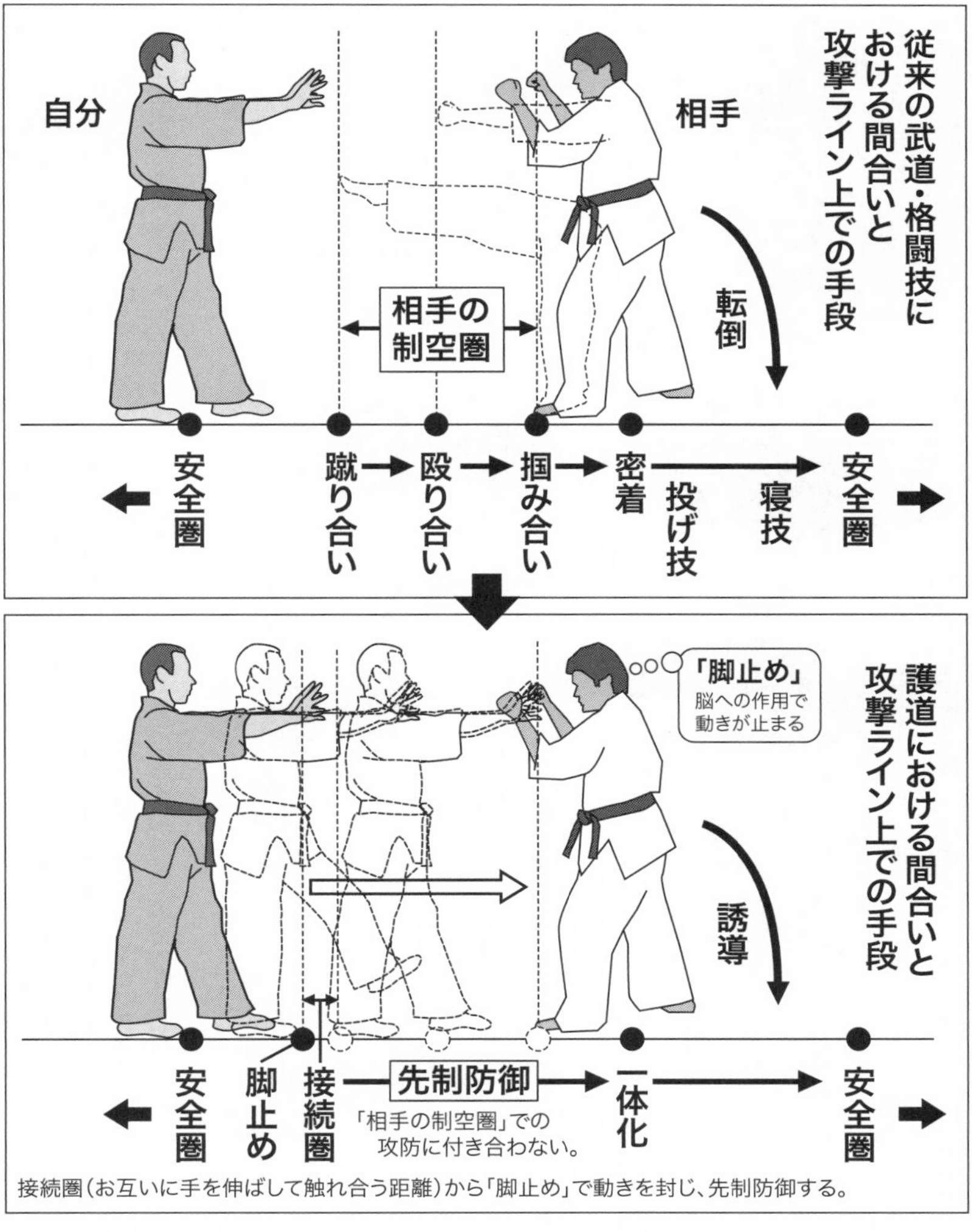

接続圏(お互いに手を伸ばして触れ合う距離)から「脚止め」で動きを封じ、先制防御する。

脚止めで間合いを詰める

①護道構えと相手が突きを出して伸ばした手の位置から、ちょうど拳一つ分ぐらい空けた位置を接続圏としており、護道では対峙した際の間合いの目安としている。この状態であれば、1歩踏み出さない限り、蹴り技を含め、あらゆる打撃技は届かない。この相手の制空圏（相手の攻撃エリア）と安全圏との間のグレーゾーン（接続圏）の見きわめを、護道では重要視している。

②相手が蹴りや踏み込んで殴ってこようとする前に、足を上げて相手の動きを止める「脚止め」を行う。

③護道構えによる先制防御で相手の腕を封じて一体化する。

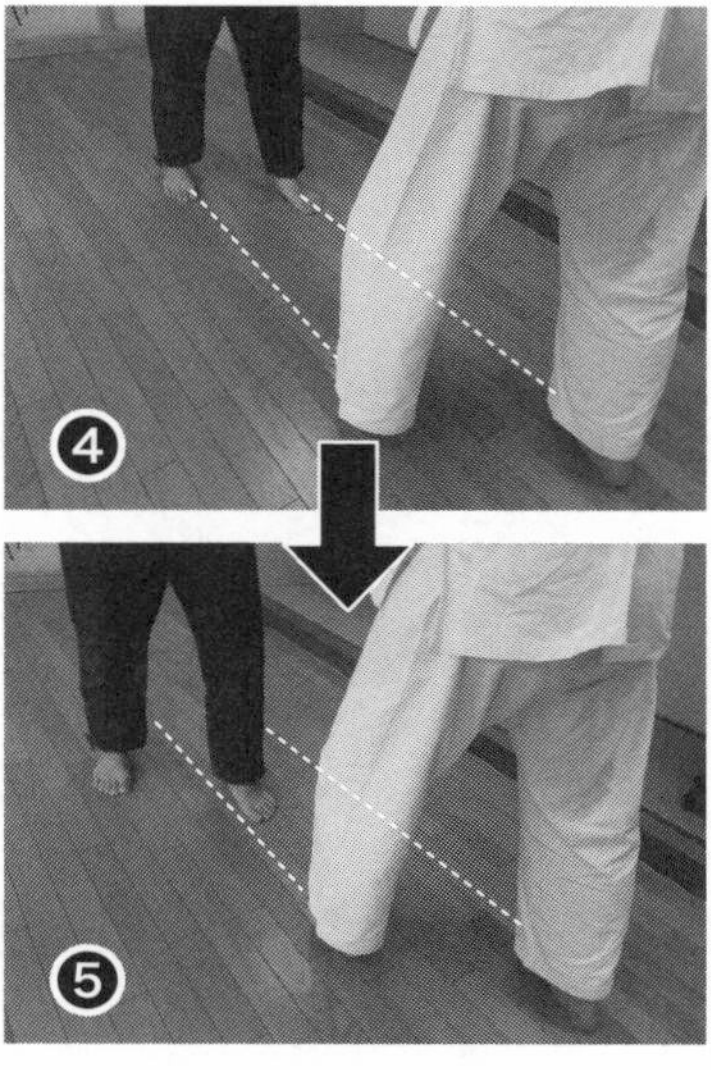

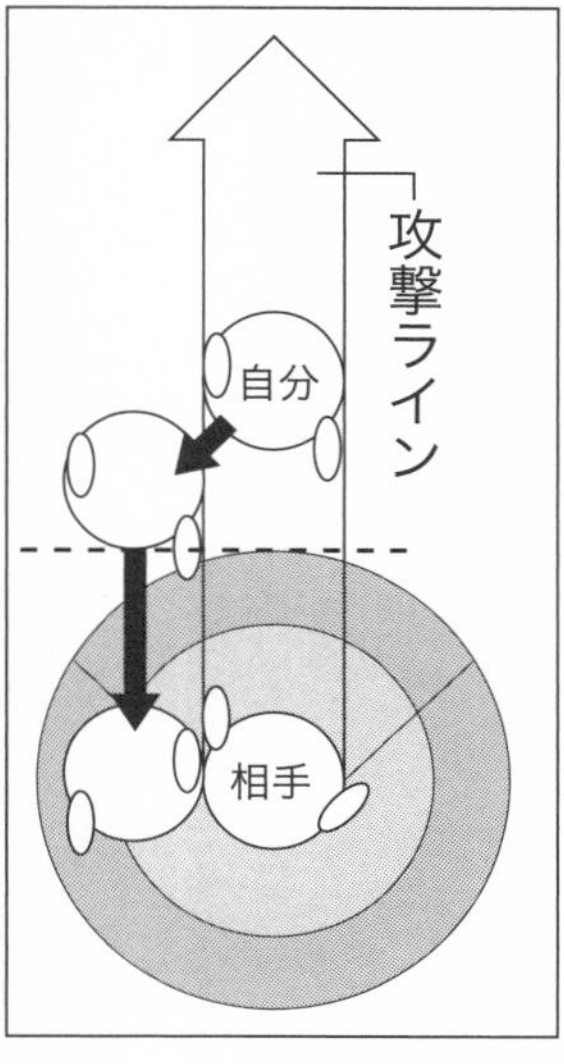

④～⑤「脚止め」から、間合いを詰める際には、正対を避けて身体を半分ずらしながら進むことで安全に間合いを詰め、最終的には攻撃ラインから外れて安全な状態へと移行していく。

なぜ「脚止め」で相手の動きが止まるのか？

「脚止め」とは、「意識の同調」等の心理的作用や脳の特性を利用して、一時的に相手の動きを止める技術である。人間の目は横に視野が広く、縦に狭い特性があり、34 頁写真②の A より B のエリアのほうが捉えにくい。しかし、ハッキリ見えない分、判断力が低下し「意識の同調」を起こしやすい。

「意識の同調」とは、例えば自転車同士が向かい合って走ってきた際に避けようとしてお互いに同じ方向に動いてしまうことであり、相手の反応につられることである。

この場合、片足立ちは「カカシ」など 1 本足では動けない状態という先入観も加わり、「意識の同調」を起こし、同じく立ち止まってしまう。加えて、蹴るのではなく、片足をかすかに視界に入るぐらいの中途半端な位置まで上げた状態で一瞬止めると、相手は「蹴りを避けるべきなのか？」「避けなくてもいいのか？」「蹴り返してもいいか？」など脳内で軽いパニックになるため、その判断を下すまで一瞬、動けない状態が生じる。

その間、片足立ちであるこちら側は、実際には次の一歩を、すでに踏み出せる状態であるため、相手の動きが止まっている間に間合いを詰めることができるのである。


ための相手の足の位置（立ち位置）、頭の位置は決まっています。それは言い換えれば、その位置を相手に取らさなければ、こちらへの攻撃は当たらない（届かない）ということになります。

その時、相手の立ち位置へ先にプレッシャーをかけて近づかせないのが「護道構え」であり、「脚止め」ということです。

それらを踏まえて、自他護身のための間合いを理解していただければと思います。

第2章
体格差も人数差も超える術理

ケンカ空手

高校時代、身を守るために少林寺拳法を習いながら喧嘩を繰り返していたのですが、そもそも喧嘩の道具ではない少林寺拳法と、ただ喧嘩に使うことしか頭になかった当時の私との間には目的に対するギャップがありすぎました。

そのため道院では基礎体力を養うことを心掛け、喧嘩用の対策は独自に考え、実戦の場数を踏むことで学生同士の喧嘩では身を守れるようになっていったのですが、結局、高校生の頃の私が辿り着いた有効な喧嘩技というのは武道でも何でもなく、辞書を鞄の中に入れておき、それを振り回す通称「カバン・ヌンチャク」というダーティな戦法でした。

また当時、不良漫画『ビー・バップ・ハイスクール』が映画化されて大ヒットしたことで、その主人公の2人組に憧れる不良たちが増えたことで、喧嘩を売ってくる相手も2人組が多くなったので、それまでの集団で絡まれるといった機会が減り、喧嘩が一気に楽になりました。カツアゲやボンタン狩りといった金銭や学ランを要求することが不良の間で流行っていたのですが、絡んでくる不良たちは漫画の影響で、決まってポケットに手を突っ込んでノーガードで威嚇してくるので、射程距離に入った瞬間に攻撃すれば面白いようにヒットしました。

普段、煙草を吸ってパチンコ屋やゲームセンターにたむろしている不良たちとは違い、日々喧嘩の対策ばかり考えて筋トレしている上に武器まで使っていたので、高校生レベルの喧嘩では負けなくなっていました。

そうした絡まれた際のヤンキー狩りは、私にとっては中学生の頃にやっていたパソコンゲームのバグを見つけて、はまり技のループで攻略するといった感覚に似ており、いつしか護身術という意味合いを超えて完全にゲーム感覚になっていました。

しかしながら、ただ勝つことだけを考えた場合、武器の使用は体格差を埋めることができる有効な手段でしたが、売られた喧嘩から身を守るためとはいえ、次第にそういう方法に対して「やっぱりできるならアクション映画の主人公のように、素手でもっとスマートにカッコ良く勝ちたいな」という欲が出てくるようになっていました。そして少林寺拳法は2年ほどで辞めて、再び「喧嘩に使える技を教えてくれる空手道場はないか？」と探すようになりました。

空手を学ぼうと考えた理由は、当時ファンだったプロレスラーの前田日明氏の書かれた自伝『パワーオブドリーム』（角川書店）を読んだことがきっかけでした。前田日明氏は少林寺拳法を学んだ後、北陽高校時代に無想館拳心道という空手道場で支部長を任されていた田中正悟氏と出会い、空手を始めることになったと書かれていたことが影響しています。

そんなある日、大阪のミナミに出かけた際に、赤い文字で「空手」と書かれた看板を見つけました。その文字につられて何気なく空手道場を覗くと、ちょうど稽古の最中でした。道場内では組手が行われており、素手で直接自由に殴り合っている光景を見て「これは、良い道場を見つけた！」と思い、即座に入門を申し込みました。

その道場とは過去に一斉を風靡した空手漫画『空手バカ一代』の中で〝ケンカ十段〟という異名のキャラクターとして登場していた芦原英幸先生の空手を教える新国際空手道連盟芦原会館の関西本部でした。

そんなこんなで偶然、芦原会館に入門した私ですが、入門当時は漫画『空手バカ一代』を知らず、入門後に道場の先輩に聞いて漫画の存在を知りました。

最初は大阪に芦原橋という地域があり、そこが発祥の地なのかな？とすら思っていたわけですが、あとで、先ほどの前田日明氏の自伝で空手の稽古のために町中で腕試しをする話が出てくるのですが、そのきっかけとなったのが、ケンカ十段・芦原英幸先生の影響だったことが書

"ケンカ十段"芦原英幸先生
（写真提供：松宮康生）

かれていたことに改めて気付きました。

芦原空手がフルコンタクトと呼ばれる直接突き蹴りを当てる組手をしていたこと、そして相手の側面や背面から攻撃を加えることを目的とした「サバキ」という技術体系が開発されていたことから、その技術に関する喧嘩での有効性を漫画による先入観を持たずに学ぶことができたのは今思えば良かったことでした。もちろん、その後の厳しい稽古に耐えることができたモチベーションは「漫画の力」が影響していましたが……。

そんな空手道場での芦原先生に関して印象に残っていることは、まず、昇級審査の際に、よく指名されて前に出て蹴りの見本をやらされたことでした。「これが人を倒す蹴りだよ！」と言われて、それは嬉しい反面照れくさかったのを今でも覚えています。

ケンカ十段・芦原館長との組手

また一度だけ芦原先生と道場で組手をする機会がありました。

芦原先生は昇段昇級審査に関しては自ら全ての道場生の審査を行っておられ、審査がある前日には道場を覗きに来られていました。

ちょうど私が茶帯の頃、道場で緑帯の後輩と組手をしていたら、芦原館長（当時は館長と呼んでいました）が道場へ来られたので、道場生は押忍と挨拶をしてから再び稽古をしていました。

すると、芦原館長が組手をしている私たちの間にパッと入ってきたのです。そのタイミングが絶妙で、緑帯の後輩は芦原館長の後方で固まって目を丸くして驚いていました。

そして、館長が私のほうに向き直ると「おい、いっちょやるか！」といってパッと構えられたのです。私はこの時「うわ〜、芦原空手の技術書の表紙と一緒や！　よし、ええとこ見せたろか！」と気楽な心境で構えました。

しかし、その後、ものスゴイ恐怖感に襲われることになったのです。なぜなら、私が何かしようと頭の中で考えた瞬間に微かに反応されるので、完全に考えや動きを読まれていることがわかったからです。

傍で見ていた後輩は、「何で動かないのだろう?」と思っていたようですが、私からしたら、芦原先生の反応と佇まいから「これ、下手に動いたらマジで殺される! レベルが違い過ぎる」というようなプレッシャーを感じていました。また眼光が鋭くて怖いのです。まさに蛇ににらまれたカエル状態でした。

しかし、何もしないわけにはいかないと思い、今の自分のできる攻撃をイメージの中で一通りシミュレーションしてみましたが、どれも実際に動いたら叩きのめされるイメージしかわかず、結局、何もしないまま、私は一歩下がって十字を切って「押忍! 参りました」と言っていました。

すると、芦原館長は何も言わずに構えを解いて背を向けると、指導員室へと入っていかれました。結局、お互いに向き合ったまま、何もしないという奇妙な組手は終了。

「しまった! こりゃ明日の審査は落ちたな…」とガックリしながら帰路についたのを今でも覚えています。

そして、審査当日、最後に黒帯との組手があったのですが、私はそこで黒帯を芦原館長の目の前で派手に倒すことで名誉挽回しようと考えていました。実際に色帯になった頃から審査で黒帯に捌かれたことがなく、その日の相手は二段の先輩でしたが、組手では負けない自信がありました。

しかし、組手の順番が回ってきた際に芦原館長から「おい、そこの黒帯、誰か替われ！」と言われたのです。替われと言われても当時、二段の上は三段の指導員であるK先輩と直属の師である松本英樹先生しかいません。松本先生はのちに「修羅のサバキ」という異名で知られることになる空手家で、当時の芦原会館の中でも群を抜く猛者でした。

三段が相手という指名に対して驚きながらも松本先生との組手だけは避けようと考え、まだ勝算の見込みがあるK先輩のほうをじ～っと見ていました。そして、K先輩もその視線を感じてか一歩前に出られたのですが、その瞬間「松本！」と芦原館長が言われて、松本先生が前に出てこられました。そして、松本先生と組手をやることになり、最後は捌かれて終わりました。

「ああ、審査でええところを見せられずに終わったな…」と思っていたら、結果は意外なことに飛び級して黒帯に昇段していました。結局、入門から飛び級を繰り返したことで1年数ヶ月という異例の早さで黒帯をいただきました。

しかし、私が黒帯をいただいた後の審査から、しばらくしたのち芦原先生は体調不良のため、お見かけすることがなくなり、そのまま筋萎縮性側索硬化症のため50歳の若さでその生涯を閉じられました。そういった意味では、私は芦原先生の直接の昇段審査を受けられた最後の黒帯の1人になりますが、それはとても運が良かったことだと感じています。

ストリートファイト

フルコンタクト（直接打撃制）空手の稽古は、これまでの少林寺拳法の型（法形）稽古と違い、当時の私にはわかりやすく、また実戦的に思えました。

また当時の関西の芦原会館の状況は芦原会館から派生した正道会館が大会を開催し始めた頃で、道場には極真会館芦原道場時代からの先輩方が多く、大会を開催している極真会館や正道会館への対抗意識もあって「ワシらはスポーツ空手ではなく、ストリートファイトで使える空手やからな」といって、道場の組手でもフルコンタクト空手の試合では禁止である顔面への攻撃や金的蹴りをしてくる先輩もおられ、稽古で耳の鼓膜が破られたり、歯が折れたりする道場生もいましたので気が抜けない状態でした。

またその中でも当時の直属の指導員であった松本英樹先生が桁違いに強かったので、私たち道場生はその強さに憧れていました。

道場の先輩からは「強くなるんやったら実戦が一番やで！」と促され、空手信者と化していた私は〝ケンカ十段として芦原先生が活躍する漫画やプロレスラーの前田日明氏の自伝に書かれていたストリートファイトの話の影響から、強くなるには喧嘩は避けては通れない道だと勝手に思い込んでいました。そういった訳で、高校生の頃と同様に、またもや道場で学んだ技を喧嘩で検証するといった研究スタイル（？）を続けていくことになったのです。

こうして、主に大阪ミナミの繁華街で「野外稽古」と称して喧嘩を繰り返していました。

例えば、ある時、松本先生が暴走族を1人で壊滅させたという本当かどうか定かではない道場生の噂話を聞いて、真似して実際に暴走族に喧嘩を売ったあげく、全身血だらけで病院に運ばれる羽目になるなど、いろいろと無茶なこともしていました。当時のことを振り返って思うのは「今、生きているのは運が良かっただけ」としか言いようがありません。

当時、私の野外稽古を見た道場の仲間からは〝ミナミのケンカ鬼〟というあだ名をつけられるほどでした。

他にも電車内で煙草を吸っている人や痴漢をしている人を見つけると大声で注意して、相手が逆上してきたところを捌いて投げ飛ばしたりしていましたので、友人からは鉄道公安官にかけて〝鉄拳公安官〟と言われていました。…とはいえ、実際に犯人を捕まえて鉄道公安官に引き渡すわけでもなく、ただ喧嘩して立ち去るだけで、それらは正義感からの行動ではなく、野外稽古のための大義名分が立てばよかったのです。

しかしながら「喧嘩しないと強くなれない」ということは多感な青年時代の単なる思い込みでしかなく、逆に本当の強さを得るためには全く意味がないどころか真逆の行為ですので、絶対に私のようなバカな真似はしないでください。ここであえて過去の恥を書いたのは、そのことを伝えるためでもあります。

1対多数の喧嘩

空手修業時代の失敗談として、暴走族との喧嘩を書いておきます。

この喧嘩で私は「1対1の認識で稽古していると、1対多数では通用しない」ことを学びました。いや、正確に言えば1対多数を想定して稽古していたつもりでしたが、それは3人以上になると通じないものだったのです。

この時の暴走族との喧嘩で私に直接向かってきた相手は7人でした。7人といっても取り囲まれると、その時は凄い大人数のように感じたものです。

先手必勝と思い、まず正面から迫ってきていた相手の不意をついて飛び込みながら右の正拳突きで倒し、続けて左から殴りかかってきた相手に対してカウンターの右上段回し蹴り。そのまま左回りに振り向き、後ろにいた相手の左腕の服の袖を掴み、体捌きで回り込みながら腹部に膝蹴りを入れました。

こうして3人までは空手の動きが活きていたのですが……。気が付いた時は目の前に地面があり、背中を数人から「ドカ！ドカ！」と踏みつけられていました。なぜか気を失って倒れていたのです。

一瞬、戸惑いながらも、立ち上がろうとしたのですが、「倒れている状態から、どうやって回避したらいいか？」がわからず、しばらく蹴られ続けていました。その中で苦し紛れに前方に見えた相手の脛を拳で殴ったことで、わずかな隙間ができ、そこから這うようにして抜け出し、何とか立ち上がった時には、頭から大量の血が流れていました。

どうやら相手を捌いて膝蹴りを入れ、次に備えて一瞬動きが止まったところを後ろからモンキーレンチ（鉄製の工具）で頭を殴られたようでした。実はこの時、少し離れたところで友人が一部始終を見ており、私自身は工具で殴られた前後の記憶はなく、そのことは後で友人から聞いてわかった話でした。友人は私が倒れた瞬間、死んだと思ったそうです。

私自身も足もとに血の水溜りができているのを見て「ああ、こんなところで死ぬんか…」と思いました。そこで死にたくないと考えて、逃げるのが一般的なようですが、私が思ったことは「それなら、できるだけ多くコイツらを道連れにしてやる！」でした。

その後は頭から血を流しながら、何かに取り憑かれたような感じで叫び声を上げて相手を捕まえては頭突きを連打していました。なぜ頭突きをしていたかというと、芦原先生が著書『流浪空手』の中で、頭突きで倒れない人間はいないと書かれていたからでした。実際に頭突きを喰らった相手は膝から崩れ落ちていきました。のちにその様子を見ていた友人がいうには、顔面血だらけの状態で狂犬のように飛び掛かっていく私の状態に暴走族たちは誰も近づけず、距離を取りながら取り囲んでいた異様な光景だったそうです。

そのうちパトカーのサイレンの音が遠くから聞こえてきて、全員がその場から蜘蛛の子を散らすように逃げ出しました。そして私も友人に運ばれながら血まみれの状態で病院行きとなり、頭部を12針も縫う羽目になりました。その時の傷は、しばらく冬場になるとチリチリと痛むことがありました。

またあとで自身が死を覚悟した際に道連れを増やそうという発想になったことを振り返り、私の中には悪魔が住んでいると感じて、自らの行動を戒めるようになっていきました。

護道の術理解説

歩法

さて、1対多数の喧嘩の体験から得た技術的な問題点は大きく二つありました。

まず倒れた後の対応を想定していなかったことです。そのため、転倒した際のエスケープの知識は必修だと痛感しました。

そして、もう一つの原因は捌いたことで居着いてしまっていたことでした。この「体捌き」における問題点については、かなり長い間、気付かずにいた最大の盲点でした。

「体捌き」には、その足運びとして「ステップワーク（運足）」があるのですが、本来1対多数を含む護身を想定した場合は「歩法」が重要であり、当時はその違いが理解できていませんでした。

「ステップワーク」というのは、文字通りステップを踏んで飛び跳ねるように移動することです。具体的には、前に進む場合は後ろ足で踏ん張って「溜め」を作り、地面を蹴って前方へ飛び跳ねて移動します。そのために、続けて動く場合は着地後に再び「溜め」を作ってから動くことになるため、常に「居着き（一瞬、身動きが取れない状態）」が起こります。

また踏み出した前足を軸にして回り込むような「体捌き」を行う場合は、「ステップワーク」と同じく、軸にした前足から重心を一旦、後ろ足に移してからでないと次の動きが取れないため「居着き」が起こってしまいます。

加えて「体捌き」を行うと遠心力が働き、逆に身体は相手から遠ざかろうとしてしまうため

体捌きと護道の歩法の違い

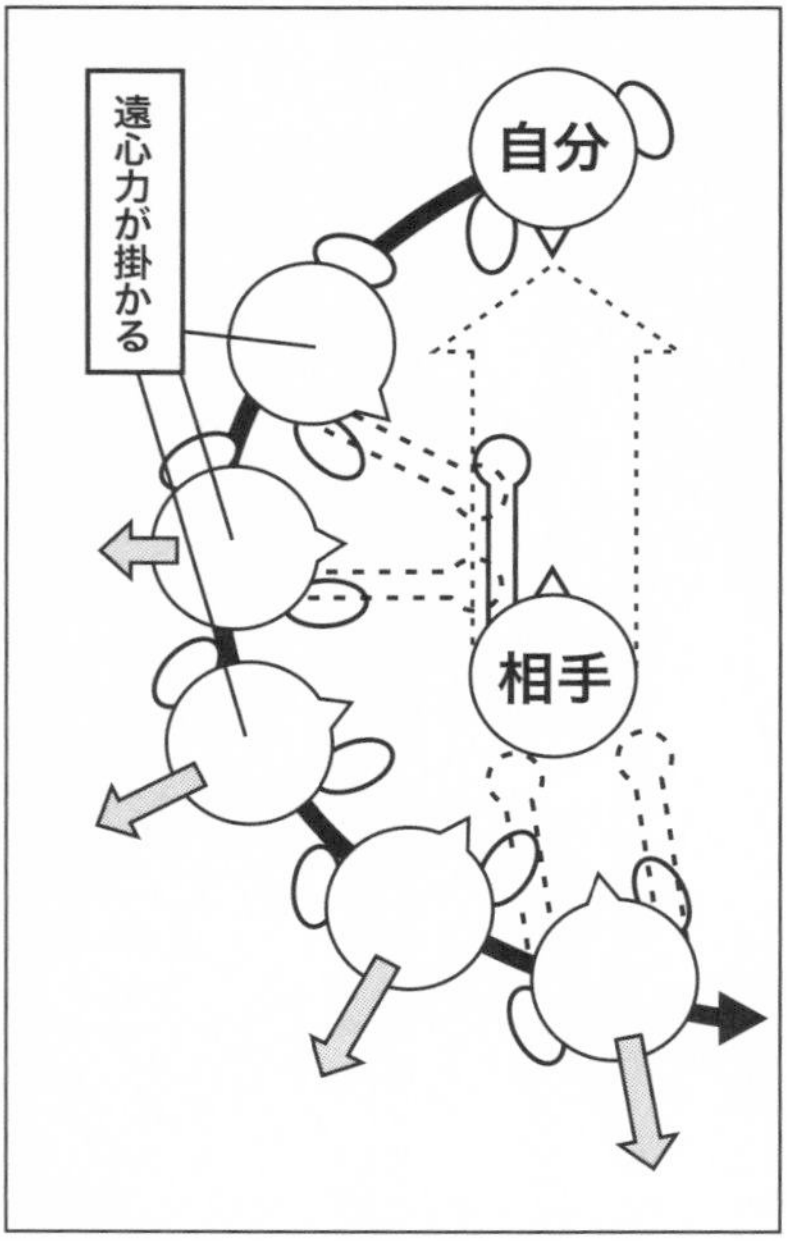

①〜③回り込もうとすると外向きに遠心力がかかるため歩数が増えやすく、死角に入るまでに時間がかかる。

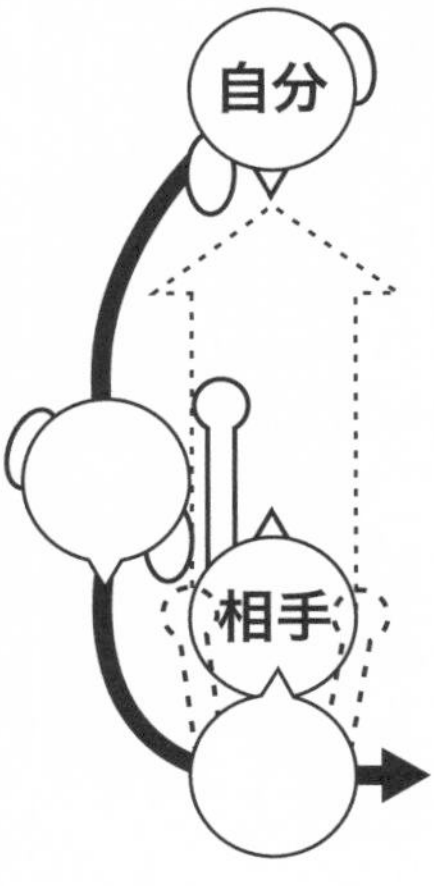

護道の歩法

④～⑥護道の歩法では、相手の正面となる攻撃ラインだけを避けて斜めに進むため、最短距離で死角に入ることができる。

にバランスが崩れやすく、「背後に回り込もうとするほどに回り込みにくい」という矛盾が発生します。

これが1対多数の喧嘩の時に、自身の動きを止めてしまうことになり、背後を取られて攻撃されてしまった技術面でのミスでした。

対して「歩法」は「歩く方法」と書くように、歩くのと同じように片足を上げ、歩幅を保ち、その足が着地してから次の足を引き寄せるため、バランスを取りながら移動ができます。そのため護道では、間合いを詰めたり回避する技術として歩法を使っております。「居着き」もなく、急な方向転換にも対応できるということです。

捌く動作は中心軸を使うため、手の届く範囲を自ら制限してしまっていることや、反撃の打撃を加えるにも遠心力で身体が離れようとするために、実際には突き蹴りが届かなくなってしまう問題点もありました。

このような「体捌き」による「軸足の居着き」や、遠心力による「身体の崩れ」を相手に利用されると簡単に崩され、反撃を喰らってしまうことになります。

トレーナーは伝説の喧嘩師

まだまだ強さの概念の照準が路上の喧嘩にあったため、その後も私の回り道は続きました。空手を学び出してから、さらにいろいろな格闘技にも興味を持つようになり、その中でも当時は実用性においてやはり最初に学びたかったボクシングが有効であるように感じていました。そのように考え出した理由には、フルコンタクト空手の組手では基本的に顔面攻撃は禁止だったこともあります。素手素足での突き蹴りによる攻撃を実際に身体に当てる感覚が喧嘩に近いので魅力を感じていましたが、やはり顔面を殴らないということにどうしても違和感がありました。

なぜなら、喧嘩の場面で相手が顔面を殴ってこないことが、経験上ほとんどなかったからです。ちなみに殴ってこない場合は、力任せの掴み合いや取っ組み合いになるケースが大半でした。そういった意味で、顔面コンプレックス（?）から「ボクシングを学んで、その技術を自分の格闘スタイルに取り入れたい」と思うようになりました。そんなある時、ボクシングジムに通っている道場の先輩に相談すると、ボクシングジムのトレーナーを個人的に紹介してもらえることになり、私は喜んで先輩とともに、そのジムに挨拶にいくことにしました。

見学にいったボクシングジムでは、ロードワークから帰ってきた練習生たちが、それぞれに縄跳びや、サンドバッグを叩いたり、リングに上がってトレーナーの指示でミットに向かってパンチを打ち込んだりして、3分おきに鳴るブザーの合図とともに、休憩やローテーションで持ち場を変わりながら、まるで何かの工場の流れ作業のように淡々と練習を繰り返していました。

そのローテーションで進行するボクシングの練習は、常に集団で稽古をしていた少林寺拳法や空手の道場稽古に慣れていた当時の私には、とても新鮮なものとして映りました。それはボクシングの持つ「試合を中心とした個人競技としての合理性」の表れであり、またグローブやサンドバッグなど多くのボクシング用品からもわかるように「スポーツ競技としての練習体系の完成度の高さ」を表していました。

しばらく練習を見学していると道場の先輩がジムのトレーナー兼オーナーの方を紹介してくれました。私はミットを外したトレーナーの方と握手しながら、「ボクシングを空手に取り入れたいので来ました」と、今考えると大変失礼なことを言ってしまったのですが、その方は嫌な顔一つせず「僕はただのボクシング愛好家だから。それならジムではなく、私の会社の事務所で教えましょう」ということになり、個人的にレッスンをしていただくことになりました。

田中正悟先生の自伝的漫画『ケンカ無頼伝ロック・SHOGO』より。©Joya Kagemaru　©Office K

その見学したジムはエディタウンゼントジムというところで、先輩からご紹介いただいたトレーナーの方は田中正悟氏でした。ここまで本書を読まれてきた方は、もうお気付きですね。田中先生は私が当時ファンだったプロレスラーの前田日明氏の自伝に出てきた前田氏をプロレスの世界へと導いた空手の師匠であり、私の無意味な喧嘩修行は田中先生と前田選手がミナミでストリートファイトをして腕を鳴らしたという自伝や漫画を読んだことが大きく影響していました。

当時の田中先生はエディタウンゼントジムの運営や前田選手が旗揚げした「リングス」という総合格闘技団体のテレビ解説などで格闘技に携わっていながらも中華料理「さいゆうき」のチェーン店などをはじめ、様々な事業を運営している実業家でもありました。

田中先生のいう事務所というのは会社が所有している大阪の桜川にあった自社ビルのことで、私の稽古はそのビルの屋上で行われることになりました。この風変わりなボクシングの練習には空手道場の先輩も加わり、その後も途中で何人かメンバーが変わったりしましたが、とにかく田中先生には、短期間でしたが個人的に稽古をつけていただきました。

プロレスごっこ

こうしてミナミの喧嘩師と言われていた田中正悟先生からパンチの指導を受けることになったのですが、実はここでボクシング以上に、強烈なインパクトを受けるトレーニング方法を体験する出来事がありました。

田中先生は当時、様々な格闘技関係者との人脈を持っており、あるとき、若手プロレスラーの方と現れ、突然「今日はプロレス式のトレーニングをしよう！」と言い出したことがありました。

その内容は、スクワットや腕立て伏せをサーキットトレーニング形式で繰り返しながら、その合間ごとに、罰ゲームつきの足相撲を行うというものでした。足相撲とは、身体を天井方向に向け手足をついて尻を上げた状態で、足を使い相手の足を払って尻餅をつかせるという勝負でした。トレーニング種目はシンプルなのですが、各トレーニングの基本回数は１００回１セットで、罰ゲームは尻餅をついた人から順番に基礎トレの回数が増えていきます。この足相撲の参加者は6人だったので、最初に負けた人はプラス50回、次が40、あとは30、20、10と加算され、最後まで負けなかった者のみ加算なしというルールでした。

この6人の中には最初、見本を兼ねて若手のプロレスラーも混じりました。さすがにプロの基礎トレのスピードは早く、さらに体重も体格も違うので、足相撲では当然勝てるわけもなく、ただ私たちの罰ゲームの回数が増えるばかりで、そんなローテーション稽古が2時間ほど続きました。最初はみんな罰ゲームの数を減らすために相手を倒そうとしていた足相撲も、1時間ほど経過するとお尻を上げているだけで精一杯の状態となり、手足をプルプルさせながら、誰かが尻餅をつくのをじっと待つという奇妙な根競べに変わっていました。

そして、そんなトレーニングも何とか終了。私たちが解放感に浸っていると、プロレスラーは、新人でもこの10倍の回数（つまり1000回1セット）をこなしながら、他にも様々なトレーニングや技の稽古をしていると聞かされ、身をもってプロレスラーのタフさを痛感しました。

この個人レッスンでは、その後もプロレス技を教えてもらうなど、当初のボクシングを習う目的からはかなり脱線していったのですが、当時の私には何を習っても、ほとんど技の実験台になっている気分で、全てが「ありがたい罰ゲーム」のようなものでした。また、この時はボクサーの減量も体験していたため、身長のわりには体重はとても軽く、今では信じられない体形でトレーニングを行っていました。

そんな数々の貴重な経験は後々の実戦で非常に役立ちました。特にプロレスラーがボクサー対策として使用しているというフロントチョークは、かなり実戦で使用させていただきました。

バーリートゥードジャパン1995の1回戦で当時リングスのプロレスラーだった山本宜久選手が、グレイシー柔術のヒクソン・グレイシー選手と対戦した際にヒクソン選手を追い詰めたのも、このフロントチョークでしたが、特に自分のほうが背が高い場合に有効な技術でした。

こうして、短期間の指導と交流ではありましたが、ボクシングの合理性やプロレスラーのタフさを知り、少林寺拳法やフルコンタクト空手とは違うパンチの技術や関節技の威力を体験したことで、私の中での格闘技や武道に対する視野が急速に広がりました。

また他の格闘技を知ったことで、これまでの少林寺拳法やフルコンタクト空手で学んだ知識だけでいいのか？と不安にもなっていました。

もちろん空手自体には喧嘩でも使えるような実用的な技が多くありますが、当時の私は「万が一、実戦の場でプロボクサーやプロレスラーと遭遇したら……」などと考えると不安を感じずにはいられませんでした。また何よりも他の武道を知りたいという知識欲と探究心が大きくなっていました。

その後は田中先生とお会いすることもなくなり、私も成人して特技だった絵を描くことを活かしてデザイン会社に就職することになりました。その就職活動で空手道場を離れている間に芦原先生がご病気のため体調を崩されて審査にもお見えにならなくなり、また直属の指導員だった松本先生も道場をやめて独立されていました。

そんな様々な経緯もあって芦原会館を辞め、そこからは空手の先輩が始めた空手サークルに不定期で参加しながら、他の格闘技をもっと研究しようと思うようになっていました。

護道の術理解説

錬成力

相手と体格差がある場合、いわゆる力任せの腕力では、相手を誘導することができません。通常の発想では自身の力を高めることにフォーカスして筋トレなどの鍛錬を通じてフィジカルを鍛えていきます。

護道でも同様に自身の力を高めることは行いますが、その際はイメージを通じて全身の筋肉を合理的に使えるようにします。こうした力の活用方法は他の武術でも行われており、流派によって様々な名称で呼ばれていますが、護道では錬成力と呼んでいます。

錬成力は主にイメージを使い、自己の伸筋の伸張力を活用するものですが、それに加えて自己の力を向上するには脱力・呼吸・統合力が加わります。脱力は無駄な力みを抜くことでパフォーマンスを上げたり、相手からの力を分散させたりします。呼吸は身体の内部に働きかけることで体幹を整えます。統合力とは、例えば手の形を変えることで全身が繋がって足にも力が入るなど、身体の特性を活かしたものです。

しかし、これだけでは体格差のある相手との力の差を埋めるには不十分でした。実際に介護現場で強度行動障害がある方々のパニック時に、落ち着かせようとしてみても、体格差があると通用しなかったからです。強度行動障害の方々がパニック時に発揮する力は、いわゆる「火事場のバカ力」であり、すでに既存の武術が行っているイメージを用いた力と同等の力を使用していたからです。

錬成力を活用しても、その力の元は自分の身体ですから、活用できる資源は限られています。するとと残された方法は、相手に力を出させない方法をとることしかありません。そこで閃いた方法が「一体化」ですが、ここでは、まず基礎となる錬成力について紹介しておきましょう。

錬成力

錬成力とは「自分の脳と身体を変える」ことによって発揮される強い力を意味する。「自分の脳と身体を変える」方法には大きく「脱力」「呼吸」「統合力」「伸張感覚」の四つのキーワードとなる原理がある。

①原理の一つである「脱力」は、立位で抱え上げられそうになった場合、力を入れると持ち上げられてしまうが、②力を抜いてリラックスすることで抱えている相手との接触面のベクトルに変化が起こり、下に向かう合成ベクトルによって抱え上げることが難しくなるように、身体を脱力することで、相手との接触点の力を分散させることが主な目的となる。
③二つ目の「呼吸」は、例えば正面から拳を押されると崩されやすいが、④息を吸い込みながら腕を上げると押し負けなくなるように、呼吸を吸いながら姿勢を整えることで体幹に軸を作り、バランス力を向上させる。
⑤三つ目の「統合力」は、例えば手の指で輪っかを作った状態で指を開かれると形を維持するのは難しいが、⑥足の指で地面を掴むようにすることで指の力が強くなるように、手足の形を意図的に作ることで四足動物の名残である身体特性を活用して強い力を出すことである。

⑦四つ目の「伸張感覚」は例えば、真っすぐに伸ばした腕を曲げられないように頑張ると大変だが、⑧腕が鉄の棒になったというイメージに集中することで曲げられにくくなる合気系武術のパフォーマンスのようにイメージをしながら動作を行うことで、伸筋を含む全身の筋肉を活用して強い力を出すこと。
これらの方法は、様々な武術で用いられてきた方法だが、その原理を同時に行った力の総称を護道では「錬成力」と呼んでいる。
⑨例えば、立位で横から押された場合、通常では耐えるのが大変だが、まず護道構えを取る際に、息を吸って上に意識を上げることで体幹の軸を整え、⑩統合力を発揮する手の形を作り、⑪指を張り、腕が鉄の棒になって地面へと伸びるイメージで伸張感覚を発揮させながら体側で構えて、⑫脱力して相手の力を分散させる。この検証を繰り返すことで、プレッシャーに耐えられるようになっていく。
また同時に護道構えの動作を行うことで、検証での稽古の状態を潜在意識へアンカリング（定着）させて、同時にトリガー（引き金）として「護道構え」をとることで、その能力を引き出せるように刷り込み、各種の手順をショートカットできるようにしていく。

第3章 フェイント等、自由な攻撃に対するコツ

立ち合い

かくして、空手の次に私が興味をもったのが中国武術でした。

理由は二つあり、まず中国武術は空手の源流でもあるといわれていたので「今までの経験を踏まえて習得がしやすいのではないか？」と考えていたこと。そして、もう一つは漫画『拳児』（原作：松田隆智、作画：藤原芳秀、小学館）の影響でした。漫画に出てくる中国拳法家のイメージから「プロレスラーなど自分よりも大きな相手に対しても有効な技があるのではないか？」と思ったのです。

しかし、調べていくと単に中国武術といっても流派は数多くあり、また大きく外家拳（体を鍛え、攻撃は身体の表面への直接的なダメージを重視）と内家拳（体内から発生する力を鍛え、攻撃は身体の内部への生理的なダメージを重視）といった種類があることなど、知らないことがたくさんありました（この外家拳と内家拳の分け方は一般的な説明としてのものであり、実際には互いの要素が含まれている流派も多くあります）。

そんな中で、私が特に興味を持ったのは「発勁（はっけい）」と呼ばれる中国武術の力の使い方を用いて、身体の内部への生理的なダメージを重視している打撃の技術でした。その「発勁を用いた打撃」を学ぶことを目的にして、私は中国武術をやっている人や道場を探すことにしました。

しかし、当時は正式な道場として中国武術の看板を出して教えているようなところは聞いたことがなく、大半が公園や空き地などの野外で活動（指導）している状態でした。しかも、今のようにインターネットが普及していなかったこともあり、どこで稽古をしているのか？という情報については噂を頼りに探し回るしかなく、なかなか稽古場を見つけることができませんでした。

今でこそ、笑い話ですが、私は中国拳法家が登場する漫画のイメージから中華料理店の店主で拳法の使い手がいるのではないかな？と考えて、一時期、中華料理を食べ歩き、ジロジロと店主や店員を眺めたり、厨房の奥に槍とか置いてないかな？と覗いたりして店員に嫌な顔をされることもありました。

また公園の茂みでカンフーの達人が站樁功で気を練っていないだろうか？と思い、探してみたりしましたが、たまに人がいても大半はホームレスか、繁みでいちゃついているカップルしか出てきませんでした。

しかし、そんなことを続けていたある日、大阪城公園のベンチに腰掛けていたら、雑木林の向こうに1人の男性の人影を見つけました。どうやらその人は何かの拳法の型（正式には套路（とうろ））を練習しているようでした。しばらくその様子をベンチに座って眺めながら話しかけるタイミングを計っていました。

すると一通りの動作を終えたその男性が向こうから私のほうに歩み寄ってきて、「何かの武術をやっているのですか？」と話かけてきました。改めて男性を見ると身長は私よりも低く髪は短髪、体格はガッチリとされていました。私は質問に対して「空手を少し…」とだけ答え、逆に「今やっておられたのは中国拳法ですか？」と尋ねてみました。すると男性は静かに「ハイ」と一言。

憧れの中国武術であることを確認したことでますます興味をもった私は、さらに詳しく話を伺おうと思い、質問内容を考えていると男性は急に真剣な顔になり「急なお願いで申し訳ないのですが、できれば今後の稽古の参考のために私と立ち合ってくれませんか？」と言われました。私は突然の組手稽古の申し出に一瞬戸惑いましたが、すぐに「これは直接、中国武術を体験できるいいチャンスだ」と思い、「いいですよ！」と軽い気持ちで引き受け、私たちは公園の芝生の上で稽古をすることになりました。

申し出を受けると男性は「少し待っていてください」といって茂みの中に走っていき、少し離れた場所で練習している別の流派の友人だという男性を1人連れてこられました。その方は八極拳という拳法をやっている方で、この方がレフリーをやるとのこと。

その八極拳のレフリー役の男性から、「今から立会人（たちあいにん）をやらせてもらいます。ルールは5本勝負です。それでは少し離れて構えてください」という指示があり、とりあえず何も考えずに離れて、空手の構えをとりました。

「はじめ！」というかけ声とともに拳法家の男性は一気に踏み込みながら、下から振り上げるような右の突き（ロングアッパー）を私の顔面めがけて、思いっきり突いてきました。私はその行動にビックリしました。なぜなら彼の言う「立ち合い」をフルコンタクト空手の軽いスパーリングのようなものだと思って引き受けていたからです。素手素面での顔面攻撃、服装も道衣ではなく私服で野外、よく考えればルールらしきことは何も決められていません。これでは組手の稽古ではなく、ほとんど突然始まった喧嘩に近い状態でした。

内心ビックリしましたが、それまでの喧嘩修行のおかげで体が勝手に反応し、何とか一撃目の右のパンチをかわすと、隙を狙ってそのまま前に出て相手に組み付いて、そこから抱え込むように首に手を回し、プロレスラー直伝のフロントチョークを極めました。その攻撃で相手は

中国拳法を修業していた20代半ば頃。左は香港市内にて。右は同じく香港にある九龍公園でヌンチャクの修練に励む姿。

首が絞まり動けなくなりました。私が、このまま絞め落としてもいいのか？と躊躇していると、立会人が割って入りストップをかけられました。私は力をゆるめて相手を解放し、とにかく、これで終わったと思ってホッとしていると、立会人は、また「始め！」の号令をかけたのです。

「あ、5本勝負って言ってたっけ……」なんて考えていたら、またもや顔面に向けたパンチが飛んできました。ただ相手の攻撃は腕を大きく振り回していたので捉えやすく、そのまま間合いを詰めてフロントチョークを極めました。するとまた立会人からストップが入り、仕切り直しになりました。

しかし、そんなブレイクが5回を超えても続き、いつまでも終わる気配がありません。どうしたら終わるのかな？と考えていた時……。

「ガツーン！」

とうとう相手の連打の中で放たれた振り突き（ボクシングでいうロングフック気味のパンチ）を側頭部に1発喰らってしまいました。相手も何度も私に組み付かれるうちにタイミングを計っていたのでしょう。またアッパー気味のロングストレートが続いた後、その攻撃に目が慣れてしまっていたこともあり、それをフェイントにした突然の変則的な攻撃をかわしきれなかったのです。

しかし、私はこの1発で完全に目が覚めました。

彼らの言う「立ち合い」は、試合や道場でのスパーリングとは違い、時間制限はなく、相手を降参させるか、倒すまで終わらないルールなのだと気付いたからです。中国武術でいう「立ち合い」を空手の「組手」と同義語であると勝手に思い込んで安請け合いし、その後、違和感に気付きながらも意識を切り替えられなかった自分の甘さを痛感しました。

「相手は本気（マジ）や！　こっちも本気でやらんとあかん！」

そう考えた瞬間、不思議なもので体がフッと軽くなり、何時間でも闘っていられるような気がしました。そして、それまでは防御に徹していましたが、今度は自分から攻撃を仕掛けていきました。まず牽制でジャブからストレートのワンツーを放ちつつ、間合いを詰めると同時に、右ローキック（下段廻し蹴り）で、相手の動きを止めてからサイドに入り、左の上段廻し蹴りを顔面に決めました。

「バチッ!」と弾くような音がしましたが、決まり方が浅く、相手は倒れませんでした。しかも、右足の靴はローキックを放った勢いで、どこかに飛んでいってしまいました。

相手は鼻と口から血を流しながらも怯むことなく体勢を整え、またもや下から拳を突き上げてきました。私はその突きを冷静に払うと、すぐさま組み付き、今度は首を絞めるのではなく、手で首を押さえたまま、腹部に膝蹴りを入れました。「グフッ!」と言いながら相手は身体を丸めました。そこから両手で相手の身体を突き放し、くの字になって後退する相手の喉へ向けて追撃の蹴り（空手の前蹴り）を放っていました。

しかし、あまりにもこの一撃は危険なので途中で「ハッ!」と我にかえり、攻撃を途中で止めると、相手はそのまま尻餅をついたような感じで倒れました。ただ気は失っておらず、腹部を押さえながらも、また立ち上がってきたので、身構えていると相手は最後の喉への寸止めの一撃で負けを自覚したのか、自ら立会人に降参を宣言し、立会人が再度、本人に確認して、この立ち合いは終了となりました。

闘いが終わると、まず飛んでいった私の右足の靴を一緒に探してもらってから、３人で近くのベンチに座りながら話をしました。話を伺うと中国拳法の男性はTさんといい、洪家拳(こうかけん)という外家拳に属する拳法を定期的に香港で学ばれている方で、「立ち合い」を申し出た理由は、以前学んでいた拳法の先輩たちの大半は立ち合いの経験もないのに他流派や、特に空手に対して批判的であったそうで、そんな話を聞いているうちに、試してもないのに他流批判を繰り返す先輩たちと合わなくなり、その後は1人で稽古しながら、実際に他流派との立ち合いで腕試しをされていたそうです。

そして空手をやっているという私と出会い、「これはチャンスだと思い、経験のために立ち合いをお願いしました」ということでした。

Tさんは鼻や口から血を流し、顔を腫らしながらも「あなたとの立ち合いで、今までの空手に対しての考え方が変わりました。特に組まれて絞められたのには驚きました。とても勉強になりました」と、立ち合いを引き受けたことへのお礼を言われました。

私は中国武術に興味があること、そして使用した絞め技は空手ではなくプロレス技であったことなどを話しました。そうするとTさんは「毎週日曜日になると外家拳だけでなく内家拳の拳法家など、たくさんの流派がこの公園の至る所で練習していますよ」と教えてくれました。

そして「よろしければお互いの技術の向上のために、今後も交流をしてもらえませんか？」

と言われました。私は拳法家の集まりの中には漫画に出てくるような拳法の達人がいるかもしれないと考え、Tさんの申し出を承諾して、しばらく中国拳法家たちの稽古場となっている公園へ通うことにしました。

護道の術理解説

突きの変化に対して

「立ち合い」での失敗談から、突きの変化（フェイントやコンビネーション）に対する技術について紹介したいと思います。

例えば、ボディアッパー（中段・挙げ突き）から顔面へのフック（上段・曲り突き）に変化する攻撃がきた場合、相手の突きの攻撃に合わせて「アッパー受けるぞ！」「フックを避けるぞ！」と考え、相手の手先（拳）を見て攻撃の軌道を予測してから防ごうとすれば、頭で考えて行動を起こすまでのタイムラグが生じるので動作が間に合いません。また、出遅れてしまうということは、変化に反応できないことを意味しています。

出遅れながら動き始めた時に、相手の攻撃が変化すると、その変化を認識して反応するまでのタイムラグが生じるだけでなく、動き始めた動作を一旦中断して意識を切り替えるまでの時間が必要となるため、フェイントに引っ掛かりやすくなるわけです。

これを防ぐために、まず護道では独自の「目付」として正対する相手の両腕と両脚の付け根の4箇所と繋がっていると考えます。この「目付」のためのイメージ方法を護道では「四点結び」と名付けています。

また突き技に対しては、可動域の広い相手の手先（拳）の動きを見るのではなく、可動する範囲が小さい腕の付け根（肩の周辺）の動きを見ていると攻撃が「フックなのか？　アッパーなのか？」がわかってきます。

そして、最初は護道構えの手を相手の肩幅に開いて、顔の高さに合わせながらも、間合いを詰める際には相手の腕の付け根（相手の肩）を押さえていくようにしながら「先制防御」で攻撃手段を先に封じていきます。

腕は護道構えのように真っ直ぐ伸ばしている状態が最長の距離であり、相手に対しても最短の時間で届きます。

仮に相手が拳を上から振り下ろしてきても、横から殴ってきても、下から突き上げてきても、ランダムに腕を振り回しても、肩の位置が起点となっているため、そこへ目掛けて腕を突き出

【突き技の変化・フェイントに対する間違った対応】

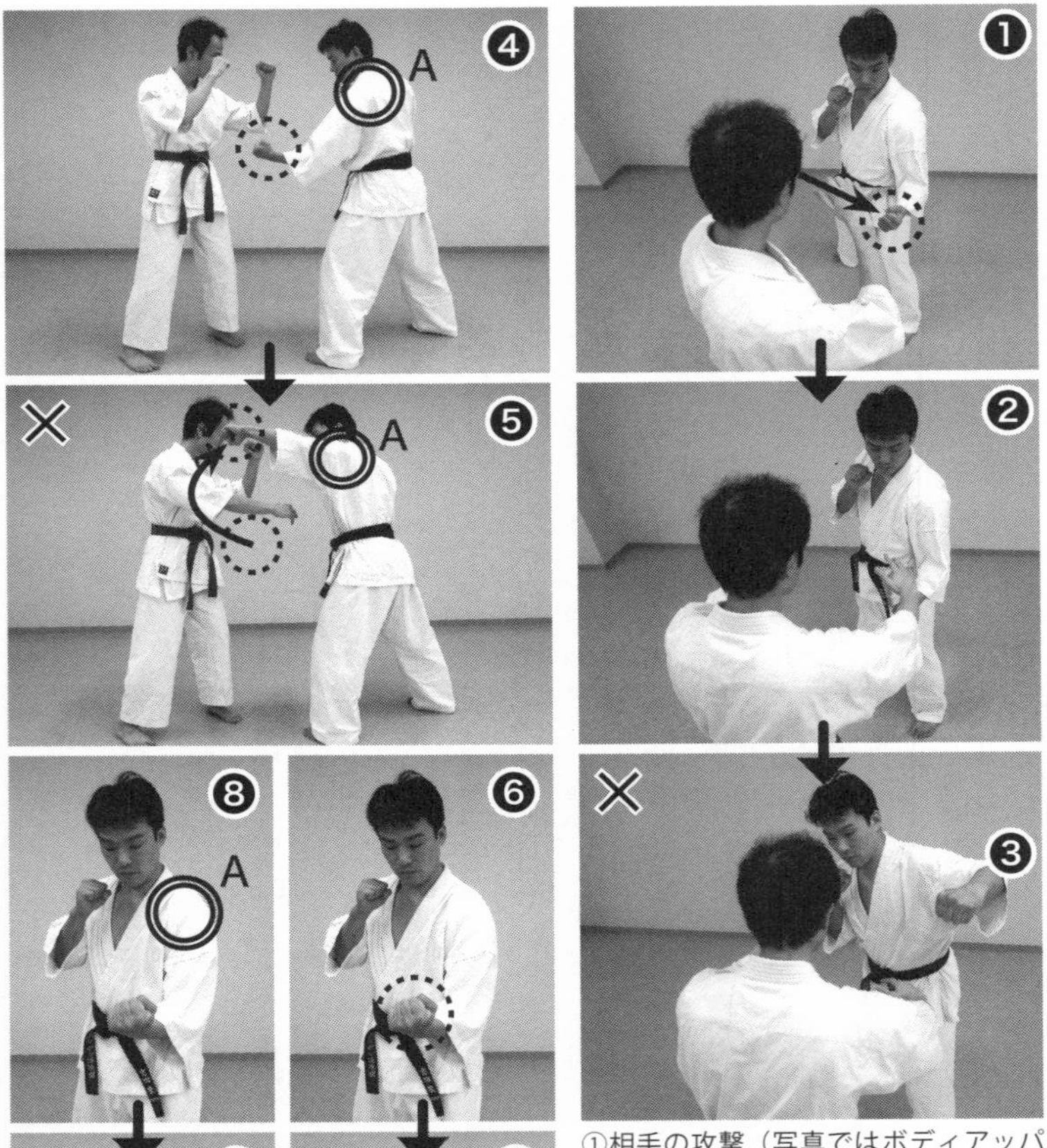

①相手の攻撃（写真ではボディアッパー）に対して目で攻撃を捉えてから、②攻撃を防ごうとすれば必ず出遅れてしまうので正確には間に合わず、③さらに相手が攻撃を変化させた場合は、その反応についていけない。これは「アッパーに対して、こうブロックする」、「フックに対して、こうブロックする」といった対処法を意識していることによる弊害でもある。④相手の攻撃部位（拳）自体を「受けよう」、あるいは「避けよう」としても、⑤その可動する範囲は縦横に広く、また突きが繰り出されて動き出した後は加速力も加わるので、特に至近距離で、その動き（突きの変化）に反応するのは難しい（⑥〜⑦）。しかし、（A）の肩の位置（腕の付け根周辺）は拳に比べると変化が少ないことに注目してほしい（⑧〜⑨）。

【攻撃の出所である体幹を封じる】

①アッパー（挙げ突き）も、②フック（曲り突き）も、肩を中心として動いていることには変わりなく、さらに軌道として、真っ直ぐ伸ばした腕が相手に対して最短距離で届くため、先に肩を押さえてしまえば、相手の突き技を封じることも可能である。③実際には、護道構えの手を相手の肩（腕の付け根）に向けつつ、その動きを捉えながら、肩に合わせた手をスライドさせて攻撃を封じる。写真はアッパーに対する防御の例。この際、自ら「先制防御」を心掛け、同時に相手の反対の手も捕らえていく。④フックの場合も同様である。「相手がこうきたら、こう受ける」という発想ではなく、腕（突き）のメカニズムを理解して、「脚止め」や「四点結び」なども踏まえた上で、「先制防御」を心掛けて、先に封じていくことが大切である。

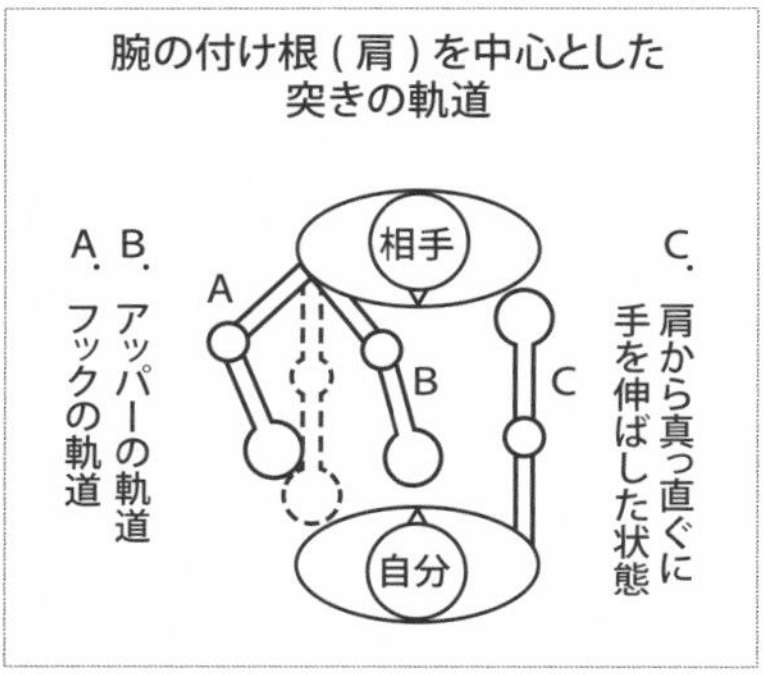

していけば、相手の腕のどこかに触れることができます。

相手の手先を見ているとフェイントに引っ掛かってしまいますが、相手の肩から繋がる腕の角度に合わせて構えの腕をスライドさせていくと、相手の肘や手首を押さえることも可能です。

そうすることで、相手の変化に対して惑わされずに対応できるようになります。

路地裏のカンフー・ファイト

「小よく大を制す」を可能にするような中国武術を探して、私は洪家拳のTさんとの「立ち合い」をきっかけに中国拳法家が集まるという公園に通い出しました。稽古のために公園に行くと、洪家拳のTさんはさっそく公園内に散らばって稽古しているいろいろな拳法家を紹介してくれました。内家拳に属する形意拳、立ち合いの際にレフリーをしてくれた人が学んでいた八極拳、ブルース・リーが学んでいたという詠春拳、体操ではなく武術としての要素が強いという陳式太極拳などの拳法家たちでした。彼らとは武術の話をしたり、時には自由組手をやったりしながら、お互いに交流を続け、とてもいい経験になりました。

しかし、当時の私は中国武術の稽古を続けていても相手がプロレスラーだった場合を考えると体格差を克服できるとは思えず、その不安を解消できずにいました。そこである日、Tさんにその不安を素直に打ち明けました。するとTさんは「中国拳法では体格差は関係ない。香港にいる私の先生ならプロレスラーでも倒せる！」と、ややムキになって言われました。Tさんの香港の師匠が紹介されている武術雑誌を見ると香港四天王と書かれており、とても筋肉質な体型でした。私はその先生に会ってみたくなり、Tさんと一緒に香港に行く約束をしました。

また、その当時Tさんは「散打」というヘッドギアとグローブをつけて、打撃と投げ技で競い合う武術の大会で準優勝していました。そのTさん自身が「この人には絶対に勝てない」と言う人物がいました。その人はTさんが試合で負けた散打大会の優勝者の先生で、蟷螂拳（とうろうけん）の使い手である中国人のH先生でした。H先生は中国本土の方で先祖代々蟷螂拳を継承してきた家系であり、とにかく実戦においてはここに集まる拳法家の中では一番強いだろうということでした。

私が蟷螂拳のH先生に興味を示しているのを察したTさんは「H先生と話をしてみますか？」

と提案してきました。もちろん私は喜んで仲介をお願いして、Tさんと共にH先生の練習している場所に向かいました。公園の中の稽古場所につくと、H先生は弟子の方たち数人と稽古していました。

H先生はジャージ姿で眼鏡をかけており、背が高く、どこか中国の資産家のような雰囲気がありました。またTさんの話によると稽古中にH先生のアシスタントをされている方が散打大会の優勝者である一番弟子の方のようでした。私は、蟷螂拳について勉強させていただきたいので、できれば見学させてほしいとの意志を伝え、見学の許可を得ました。

その時の稽古の中で、足を掛けて転倒させる技に興味を持ち、その技について一番弟子の方に要点をお聞きしました。

一通りの練習が終わり服を着替えると、公園にはH先生とその一番弟子、そしてTさんと私だけになっていました。そこでH先生から「今から食事に行くが君たちもどうか？」と誘われました。Tさんは用事があるということで帰られましたが、私はもっと詳しく中国武術について知りたかったので、その誘いに乗り、私たち３人でＪＲ森之宮駅前にある居酒屋「酔虎伝」に入りました。

居酒屋では酒を飲みながら、さっそく武道談義になりました。私は実戦で有効な技などについて知りたかったので、そのことを質問していたのですが、話はもっぱら蟷螂拳の強さと先生の自慢話、そして日本や空手に対する批判が中心となっていました。

そんな中、私が酒を飲もうとしたとき、H先生が急に当時、長髪だった私の後ろ髪を引っ張ったために、手に持っていた酒がこぼれズボンが濡れてしまいました。私が驚いていると、「空手の試合では髪を引っ張ったりされないからだよ！ こんな長い髪じゃ、掴まれたらどうするつもりか？」と少し訛りのある喋り方で言いながら、「闘いを考えるなら、こういうところからの技がないと。だから空手はダメなんだ！ ハッハッハ」と笑われました。

確かにヤクザのように坊主かパンチパーマのほうが実戦的であるので、言われる通りだとは思ったのですが、H先生の指摘は何だか注意というよりも挑発に近い感じで、弟子の手前いい格好をしたさにやって見せたように感じました。この時点で普段ならば喧嘩になるところなのですが、この時は中国武術のことを知りたい思いが勝り、グッと堪えました。

しかし、その後も、空手と日本の批判、そして中国武術の自慢話が続き、一番弟子の方（この方は日本人なのですが）も、すっかり先生のお言葉に心酔しておられて、そのうち一番弟子の方まで先生の自慢話をはじめました。

「H先生は技を予告してからその技をやってみせるのですが、わかっているのに避けることができないのです！」と力説されていました。しかし、まだまだ若造だった私は耐えきれず「いやぁ～、それは弟子だから先生に対して勝てないという思い込みから、かわせないだけではないのでしょうか？」と反論してしまいました。すると「そういったものではないよ。技のレベルが高いからだ！」と先生自身が即答され、その話が出てからしばらく沈黙が続き、私たちは店を出ました。

酒をこぼされたために濡れたズボンが外気により冷たく感じて、再び怒りが沸き上がり、その勢い余って、「せっかくの機会なので、ぜひH先生のその避けられないという技を体験したいのですが……」と申し出ました。H先生は、これは予定通りの展開という感じでニヤニヤしながら一番弟子に「見てろよ！」と目配せすると、型というかコンビネーションのような動きを1人でやって見せたあと、「今の技をやるから避けてみな！」と言うと同時に攻撃を仕掛けてきました。

さすがに、予告用として行われたコンビネーションの動きはとても早くて、その技のすべては覚えきれなかったのですが、最初の攻撃が右の上段肘打ちだったので、相手が動いた瞬間に左腕を上げて右肘打ちが出る前に押さえてかわすと、相手の袖を掴みながら左に回り込み、背後につきました。この技術は芦原空手で学んだサバキでした。

もうこうなると予告した技は何もできなくなり、そのことが証明されましたので私は手を離しました。H先生は首をかしげながら「もう一度!」と言って同じ技を仕掛けてきましたが、結果は同じでした。

すると、「う~ん? これでは不利だ」と言い出しました。本人が「予告しても避けることができない」と言ったことに対する検証だったはずなのにと思いながらも、「でしたら、自由攻防に変えましょうか?」と言った瞬間! H先生は顔面めがけて蹴りを放ってきました。この辺の切り替えの早さは卑怯というよりも喧嘩慣れを感じ、一瞬背中がゾクッとしました。

こうして、いきなり技の検証から闘いへ発展したわけですが、その闘いのステージとなっている居酒屋の前はやや坂道になっている狭い路地でした。喧嘩の経験上、実戦では少しでも高い位置にいるほうが基本的に有利であることは会得しており、そのことを心掛けて最初から高い位置をキープしていたために、顔面への蹴りは少しのバックステップによって空を切りました。

そして蹴りをやり過ごしたあと、体勢を立て直しながら踏み込んで、右袖を掴み芦原空手の巻き込み投げを試みました。しかし、H先生の反応も早く、踏ん張られたために投げることができず、かわりにH先生の着ていたとても高価そうなジャケットの袖が「ビシイッ!」と音を立て伸びました。私は、そのまま体勢を入れ替えると今度は左袖を引っ張りました。そうして、私とH先生は、その場でぐるぐる回り、私が袖を引く度に「ビシイッ！　ビシイッ！」と高価なジャケットの袖が悲鳴を上げていました。

しばらくして、ふと周りを見渡すと狭い路地いっぱいに闘いを観戦する黒山の人だかりができていました。H先生も私もその周りの状況に気が付き、互いに攻撃するのをやめ、このアニメのトムとジェリーの追いかけっこのような、その場でグルグル回る喧嘩は終わりました。側で見ていた一番弟子は目を丸くしながら、私に「凄いですね！　凄いですね！」と何度も言っていました。

ダラ〜ンと両袖が伸びたジャケットのH先生は、ばつの悪そうな表情を浮かべながら、「蟷螂拳の技は危険なので、使えなかった技が多くて……、君が危ないので途中で使うのを止めていたのだよ」と言われていました。ただ最後まで「またもう一度やろう」とは言われませんでした。ようやく冷静になった私も、H先生の面子を考え、そのことについては何も言わず、「勉強になりました」とお礼を言って、私たちは駅で別れました。今考えると、H先生も酒が入って酔っておられたのだと思います。

しかし、その出来事があってから、公園に集まる中国武術集団からは腫物に触るような感じで扱われ、なぜか敵対視されるようになってしまいました。

またTさんとも一緒に香港には行ったのですが、空港につくと突然行方をくらましてしまい、私は自力で香港の町で道場を探し回ることになりました。そして九龍の繁華街で偶然、Tさんと「プロレスラーより強い」とTさんが言っていた香港の先生が歩いているところを見つけたのですが、彼らは私を見るなり走って逃げてしまいました。私もその後を追いかけましたが、香港の先生は思ったよりも小柄な方で、その逃げていく2人の後ろ姿を見て、途中で追いかけていく気力を失いました。

そして帰国後も何度か公園へ行きましたが、Tさんは再び現れることはありませんでした。今、考えるとすべては私の行動が敵を作っていたのですが、当時の私には理解できず、そのまま中国武術の練習に行くことを諦めました。

さて、私自身の苦い体験談が続きましたが、実際の中国武術は膨大な技法を有するとても奥深いものです。また、この時に学んだ技（理論）の中から改良を加えて、現在の護道の技術のヒントになった部分もあります。

護道の術理解説

意識誘導

蟷螂拳の先生との攻防において、最初に蟷螂拳の先生が技を予告したあと、うまく攻撃をかわして芦原空手のサバキができたのは、攻撃が左右のどちらからくるか?がわかっていたので、いわゆる約束事で行う殺陣(たて)と同じ状況だったからです。

当時の私は相手の攻撃を「右か?左か?」で判断し、相手の側面へ回り込むという空手で学んだ戦術を用いていました。

しかし、この「右か?左か?」という判断の確率は50%であり、考えてみれば危険度の高い博打でした。そのため、ランダムな自由攻防になると、攻撃が左右どちらからくるかがわからず、咄嗟にステップバックしてしまったわけです。

しかし、一旦下がってやり過ごすということは出遅れることになります。こうした迷いを生じさせるタイムロスをなくすために、一時期、相手の前足側に体を捌き、突っ込んできた時は左半身にかわすというふうに決めていた時もありましたが、これも博打でしかないため、上手くいかないことが多々ありました。

構えの手の形で意識を誘導する

①前に手を出すことで顔との比較対象になる。
②人差し指を立てると縦へ意識が向く。
③小指までの指を横に開くことで相手の意識は、こちらの中心に集まる。
④親指が入ると顔と胴体の意識が分かれる。本能的には顔へ攻撃意識がいくが、手の形によって胴体へと意識が向かうため、相手は真ん中の親指の辺りの高さか、もしくは手前の手を攻撃してくる可能性が高くなる。このようにして攻撃してくる場所を限定するように誘導していく。
⑤～⑥また、手を寄せておいてから、相手が近付く際に、手を肩幅にパッと開くと頭の位置は変わっていないが、相手からは顔が小さく感じて一瞬、距離感を取りづらくなる。そのことで相手が躊躇している隙に間合いを詰めて、先に手を取ってしまうという方法もある。この距離感を狂わせている原理は、デルブーフ錯視である。

デルブーフ錯視

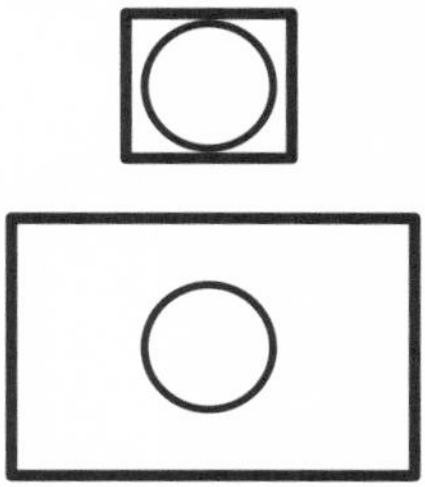

※上下の円は同じ大きさである。

図形の片方は小さな四角で囲み、もう片方は大きな四角で囲むと、中の図形の大きさが異なって見えるデルブーフ錯視を護道構えの際にも活用しており、手の形によって距離感を取りづらくすることで殴りかかりにくくしている。

そうした個々の体捌きに対応を委ねることは、合わないパズルを無理矢理はめ込もうとするようなものだからです。そうした問題点を改善して、ワンアクションで対応できるようにしたのが護道の「先制防御」の術理なのです。

その先制防御を確実なものとするために、護道では護道構えをはじめ、様々な意識誘導を行っています。そうした二重三重のフィルターをかけることで安全性を高めています。

第4章

突きも蹴りも出させない方法

相撲の脅威

中国武術を学んでいた当時、私は空手道場の先輩が主催する空手サークル「フェニックス」に時々、参加していました。このサークルはフルコンタクト空手の稽古が基本となっていましたが、集まっているメンバーは空手流派を問わず、ボクシングやキックボクシングなど様々な打撃系の格闘技の方が自由に交流できる場となっていました。

そんな空手サークルのK代表から「稽古に来ないか?」と誘われる時は、決まって空手の大会で上位入賞した人やアマチュアボクシングのチャンピオンになった人など、格闘技経験者が入門してきた時であり、要するに武道好きな私が興味を持ちそうな人物からサークルへの体験参加の連絡があると、サークル代表である先輩が気を利かせて電話で知らせてくれるのでした。

ちょうど中国拳法の稽古にも行かなくなってしばらくした頃、そのK代表から、「先週から凄いヤツが入ってきたから、とにかく明日の稽古に来てくれ!」と呼び出しの電話があり、翌日サークルの稽古場へと向かいました。

稽古場の扉を開けて、まず目にしたのは、その空手サークルで当時一番大柄だったフルコンタクト空手の選手が、その選手よりもさらに一回り以上は大きい男性に突きの連打で突進されて、なす術もなく吹き飛ばされている光景でした。

その吹き飛ばしている相手こそ、K代表が「凄いヤツ」と電話で知らせてきたNさんでした。推定ですが、身長180センチ以上、体重120キロ以上はありそうなガッシリとした体格で、学生時代は相撲部の主将を務め、一時はプロの相撲取りを目指し、本格的に相撲部屋で稽古していたとのこと。さらにウエイトリフティングの世界大会で準優勝したこともあるという怪力の持ち主でした。

坊主頭で顔に無数の傷跡があるNさんは、当時〝腕折りのN〟という異名をもち、警察からもマークされている喧嘩屋でした。相撲を辞めた理由についてNさんいわく、「自分の性格上、とにかく喧嘩になることが多く、ストリートファイトを繰り返しているうちに、思いっきり拳での殴り合いがしたくなり、逆に拳で殴れない相撲がつまらなくなって辞めた」とのことでした。

私は倒されたら終わりというルールの相撲は、ある意味で路上の喧嘩に一番近いのかもしれないと思っていたのですが、Nさんが言うには「相撲では倒れた相手にトドメを刺すことはないので、喧嘩とは緊張感が全然違う」ということでした。そんな喧嘩の思い出を楽しそうに話すNさんを見ながら、三度の飯より喧嘩好きという人はこういう人をいうのだろうなと思ったものです。

しかし、そんな諸々の話は、随分あとになって聞いたことであり、初めて道場で見た時は何者かもわからず、人が吹っ飛ばされていく怪力を感心して見ていました。すると空手の先輩がNさんを紹介してくれました。

そして、その先輩から「ちょうど良い時にきたよ。じゃ次は君が相手をしてやってくれ!」と言われ、早速、Nさんと組手をすることになったのです。私は言われるまま、道場の中央でNさんと対峙しました。

どう考えても、まともに殴り合っても勝ち目はないのは他のメンバーが吹き飛ばされている光景を見てわかっていたので、とにかく殴り合いを避け、距離を取りながら相手のスタミナが切れるのを待とうと考えました。

「はじめ!」という先輩の号令とともにNさんは突っ込んできたので、私は大きく飛び退き、道場をグルグルと回りながら、突進してくる相手の攻撃から逃げ続けました。しかしながら、相手の移動するスピードは想像以上に速く、大変でした。

何とか逃げ回っていると作戦通り、空振りによって疲れたようでNさんのスピードがやや落ちてきました。そこで私は下がりながら右の変則蹴り（下段を蹴るフェイントからの上段廻し蹴り）を顔面にヒットさせました。「パシッ！」と蹴りが当たる音が道場内に響きましたが、もちろん太い首に守られたNさんに下がりながらの蹴りでは全くダメージを与えることはできません。

しかし、この時の蹴りの目的はダメージを与えることではなく、相手に蹴りを出させることにありました。それはNさんの組手を見学していた時に、パンチ（ほとんど突っ張りに近い突き）が主な攻撃でしたが、時折、相手が苦し紛れに距離を取ろうとして出した蹴りが当たると、そのあと、ちょっと押し込むような感じの空手の前蹴り（見よう見まねで覚えた蹴り）を必ず返していました。おそらく、相手にやられたことをやり返そうとする人間の心理的な習性が働いていたのだと思います。

そして、作戦通り、次の瞬間！　空手の前蹴りが返ってきました。私はここぞとばかりに、その蹴りを下段の払いでキャッチすると接近して相手の軸足に自分の足を添えて、腕で上体を押して相手を崩そうとしました。この技は蟷螂拳で学んだ技に改良を加えたものでした。しかし、通常の相手ならこれで転倒させることができたのですが、相撲で培った足腰の強さとバランスの良さのために完全には崩れず、逆に転倒を狙って差し出した私の足の上にNさんの体重がかかり、足が折れそうになりました。

そこでとっさに足が折れないように軸足を刈るのをやめて膝を曲げ、自分の足への負担を軽減させ、キャッチしていた相手の足を離し、相手を座らせるように誘導しながら、手の平を上に向けて体の捻りを加えつつ、肘を使って後方へ相手を崩しました。

「ズバーーン！」Nさんは勢い良く転倒し、フローリングの床で腰を強打しました。

そのダメージのため、Nさんはそれ以上、組手を続行できなくなりました。

組手が終わるとNさんは、「学生時代から相撲やってきたけど、投げられたのは初めてや。ビックリしたわ！」と話しかけてきました。もちろん、これが相撲であったら、とてもNさんを投げることなど、できなかったと思います。この時、投げ技が決まった理由は簡単で、場所が空手道場であり、Nさんが空手の組手をやっているという意識があったからこそ、投げ技が予想外の攻撃になり、決まっただけなのです。

しかし、そんなことがあってからNさんと仲良くなり、会うたびに武道や格闘技、喧嘩の話などをしました。また後日、Nさんは入門の際にサークルの代表である空手の先輩から「キタで暴れている君と同じく、うちにはミナミで暴れているストリートファイターがいるから！」

と聞かされていたそうで、私が道場に来るのを楽しみに通っていたという話を聞きました。つまり、私もNさんも先輩にうまく乗せられていたというわけです。

ところでNさんの異名〝腕折りのN〟ですが、なぜそのような名前がついたのかというと、Nさんは喧嘩になって相手に胸ぐらを掴まれた時や、顔面を殴られた瞬間に、相手の腕を強引に掴まえて肩をぶつけるようにしながら体重を浴びせて倒れることで、相手の肘関節を外していたことから、ついた異名だということでした。この技は元々、相撲の技らしく、私はこの時改めて相撲の実戦での有効性と恐ろしさを感じました。

護道の術理解説

腕封じ

相撲をやっている相手と仮に土俵でまわしをつけて相撲をしたら、簡単に突き飛ばされ、投げ飛ばされる可能性が高いことは理解できると思います。

つまり、護身術の見方をすれば、相手の土俵に乗ってしまうと勝ち目はないということです。

逆に言い換えると、自分の得意な土俵（ステージ）に相手を上げることができれば身を護るこ

【相手の動きを封じる「腕封じ」の技法】

小手捕り諸手封じ

巻き込み

腕抑え

腰抑え諸手封じ

諸手封じ

主な「腕封じ」の技法は 17 種類ある。護道では、まず相手の両手を押さえていく「腕抑え」の状態から、側面や背面で相手の腕の動きを封じていく「腕封じ」の技法へと展開していくための様々な戦術が体系化されている。つまり、相手と離れた状態から殴り合うことに専念している打撃系の武道や格闘技、道着やジャケットを掴み、取っ組み合う場面から始まる組技系の武道や格闘技と違い、護道では両手に触れ、押さえ、捕った状態から相手の動きを封じていくことに長けている。殴り合い、取っ組み合いを避けて、先に両腕を封じる技術に専念することで、「お互いが傷つかない状態を生み出すこと」、すなわち「自他護身の体現」を目指している。それは同時に、両手に触れた状態（腕抑え）からの「腕封じ」の技術が他の武道よりも構築されているため、その「両手に触れた状態」に持っていけば、相手を自分の土俵に引き込むことになり、状況を有利に展開できるという護身のための戦術を意味している。

【腕封じの連環技法（コンビネーション）の例】

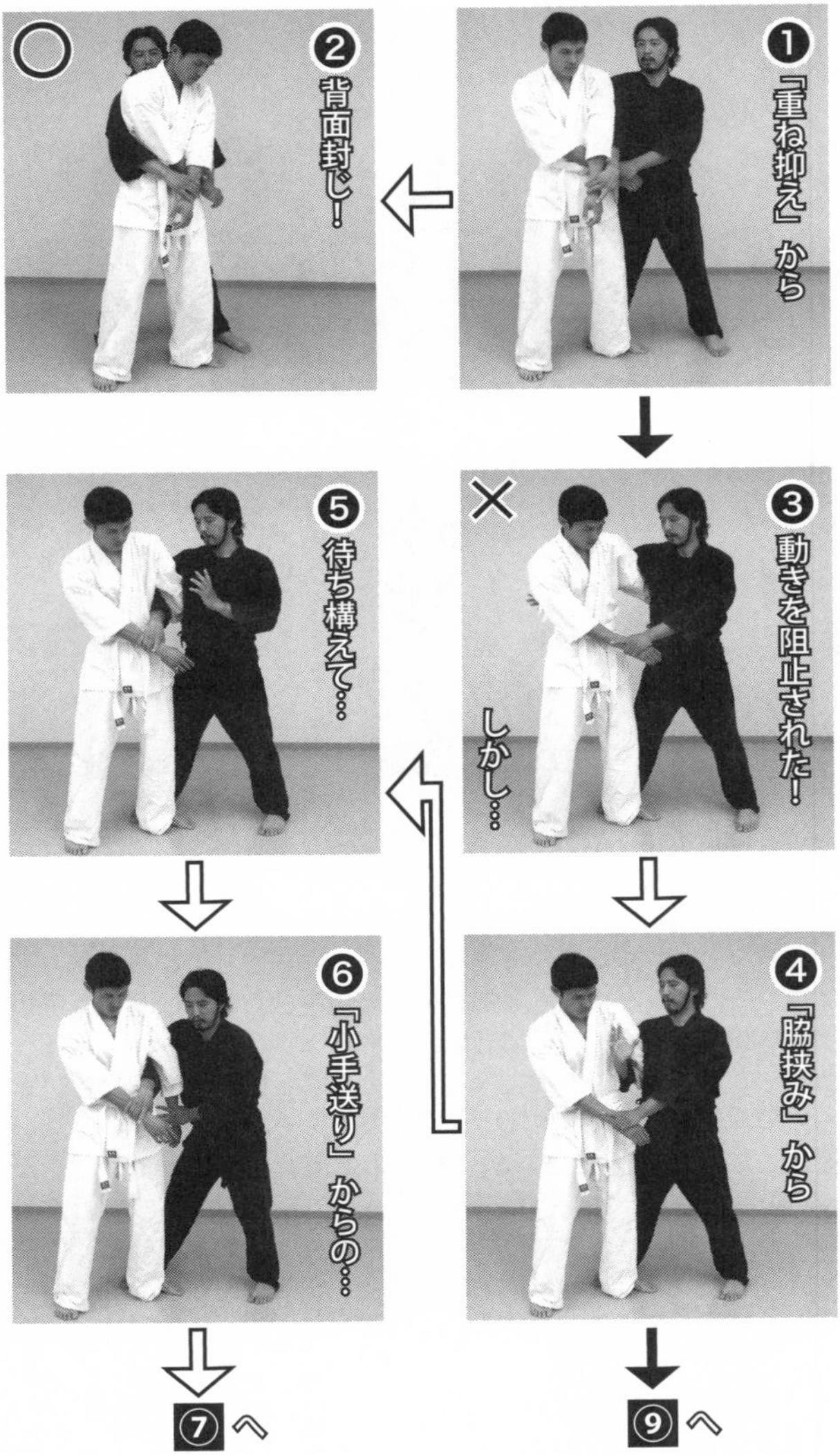

①「重ね抑え」から、②「背面封じ」へ。③脇を差されて、背面への移動を阻止された場合は、④「脇挟み」から、⑤腕を持ち替えて、⑥手首を取って、差し込んできた腕を前方に送りつつ、⑦再び「重ね抑え」で今度はしっかりと背面へズレながら、⑧「背面封じ」。⑨もし「脇挟み」から腕を持ち替えたあと、相手が「小手送り」を阻止しようとして、逆に身体をこちらに向けてきたとしたら、⑩そのまま「引き込み」で、腕を脇の下に送りつつ、⑪「諸手封じ」から、⑫背面に回り込む。

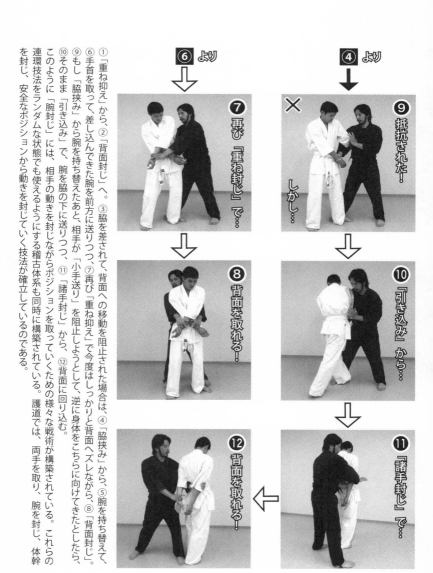

このように「腕封じ」には、相手の動きを封じながらポジションを取っていくための様々な戦術が構築されている。これらの連環技法をランダムな状態でも使えるようにする稽古体系も同時に構築されている。護道では、両手を取り、腕を封じ、体幹を封じ、安全なポジションから動きを封じていく技法が確立しているのである。

とも可能となります。

護道では先制防御で手を押さえていくことで殴り合いや掴み合いの攻防を避ける戦術をとっていますが、それも自分のステージに相手をはめ込む護身戦略といえます。

さらに、護道では腕を押さえた後の展開として、動きを制御する「腕封じ」という技術を構築してきました。

それは、グレイシー柔術の選手が打撃系の選手との殴り合いをさけて、タックルで間合いを潰してから、自らが最も稽古している寝技の攻防へ持ち込んで有利に試合を運ぶように、護道ではタックルの代わりに護道構えで間合いを潰してから、自らが最も稽古している腕封じの攻防へ持ち込んで、安全な背後のポジションをとって身を護るという発想から生まれています。

路上のキックバトル

空手サークルなどを通じて稽古は続けていたものの、私も社会人として働くようになってからは武道や格闘技への関心が薄れ出していた時期がありました。それは学生時代には疑いもしなかった「強くなれば、ある程度のことは何でも解決できるだろう」という何の根拠もない考えに変化が起こっていたからです。

当然ながら普段の仕事には喧嘩で強いか？弱いか？といったことは必要なく、腕力では解決できない環境であることを感じるようになっていました。

ただ最初に勤めていた会社の同僚がテコンドーをやっており、その同僚と格闘技の話をしたり、時にはテコンドーの技を教えてもらったりしたことで、何とか仕事をしながらも武道への関心は消えることなく続いていました。

そんなある日のこと、近所を散歩していると上半身裸の筋肉質の男たちが、路上で10オンスぐらいのグローブをつけてパンチングミットやキックミットを使って打撃のトレーニングをしているところに遭遇しました。その中に、とてもリズミカルにパンチを打ち、キックミットを全身で勢い良く蹴っている明らかに他の人とは動きの違う男性がいました。その男性に興味を持った私は「何をされているのですか？」と尋ねてみたところ、「キック（ボクシング）ですわ！」という答えが返ってきました。

「なぜ路上で練習しているのですか？」と聞くと、その人は東京のキックボクシングのジムに所属している日本ランキング1位のプロのキックボクサーであること、そして神戸にある実家が阪神大震災で被災したために帰郷しており、実家の仕事を手伝いながら、その合間に弟子や友人たちを集めて店先の路上で練習をしていることを教えてくれました。ちなみにその方のお仕事は海外から輸入した古着の販売でした。震災で神戸の店舗が倒壊されたこともあり、無事であった商品をもって大阪の倉庫で販売しながら、その店先の路地で空き時間や仕事の後に稽古をされていたのです。

私がその話を感心しながら聞いていると、今度はそのキックボクサーの男性から「何か格闘技やってんの？」と聞かれました。そこで「空手を少し……」と答えると、「それなら、ちょっとスパーやろうよ！」と言われました。突然の申し出に少々戸惑いましたが、その時は「プロと練習できる機会はそうないよな～」と思ってスパーリングをすることにしました。

さて、私に学習能力があるなら、ここで中国武術でも同じような出来事があったことを思い出し、警戒するのが賢明な選択なのですが、この辺が当時の若さゆえの判断でした。そうして、スパーリングをすることになったわけですが、最初に簡単なムエタイルール（首相撲、肘打ちあり）の説明があり、時間は1ラウンド3分間、1分のインターバルを入れて、2ラウンド行うということで、私はグローブをつけただけ（マウスピース、レッグガード、金的サポーターなどすべてなし）の路上スパーリングに参戦することになりました。

「ハイ、では始めます。〝パンッ！〟」というレフリー役の方の声と、ゴング代わりの手を叩く音に合わせて、私はとにかく受けに回るよりはいいだろうと思い、自ら突きや蹴りを出して攻撃を仕掛けていきました。

しかし、相手はキャリアのあるプロのキックボクサーです。フルコンタクト空手で黒帯をもらってはいてもグローブをつけて顔面を殴り合う試合をこなしてきた相手とのキャリアの差は歴然とあり、私が放つ空手や中国拳法式の突きや蹴りは、すべて相手のステップとパーリングで軽くあしらわれ、スルスルと攻撃をかわされてしまいました。

そこで何とか相手にパンチを届かせようと思い、打ち方を変えて、今度は肩を入れながらボクシング式のストレートやボディストレートを放ってみました。すると……、見事にカウンターを合わせられ、顔面に数発パンチをもらいました。これはもちろんボクシング式のストレートのせいではなく、私が何の工夫もなく単調な基本通りのパンチを出したために、カウンターを合わせやすかったせいだと思います。

私は、その攻撃だけでマウスピースをしていないせいもあり、口の中はたちまち出血による「鉄の味と香り」が広がり、10オンスとはいえ相手にパンチ力があったため、その衝撃がズシーンと頭の中に響き、クラクラと目眩がしました。いつもながらに学習能力のない当時の私は、この時になって、もっと軽いスパーリングを想像していた考えの甘さに気付いたわけです。

とにかく「このままパンチを喰らい続けるのは危険だ！」と感じ、逃げの一手で苦し紛れのクリンチをしました。それに対して相手は冷静に内側から手を差し入れて首を掴みながら、すかさず膝蹴りを仕掛けてきました。しかし、次の瞬間、何とかうまく膝蹴りをブロックしながらキャッチした私はそのまま足払いをして、相手を背中から倒していました。これはほとんど無意識にとった行動でした。

ムエタイではクリンチからの投げは認められているものの、相手もさすがに路上で投げ技を使うとは思わなかったようで綺麗に技がきまり、地面がアスファルトだったために結構ダメージがあったようでした。しかし、相手は「大丈夫だ……」と言いながら、ゆっくりと起き上がりました。そうして何とか1ラウンドが終わりました。

正直、「もうやめたいな〜」と思っていたのですが、相手は投げられたことで闘争本能に火がついたようでした。インターバルの時間はすぐに経過して2ラウンド目が始まりました。すると、今度は開始早々に強烈なミドルキックが飛んできました。

しかし、私は1ラウンドで相手と打ち合っても分が悪いと判断していたので、テコンドーからヒントを得た変則蹴りを多用しながら、主に中段や下段へのサイドキック（横蹴り）を使って、相手を突き放しながら距離を取って逃げるという作戦に徹しました。そのおかげで、何とか無事に2ラウンドを終えることができました。

私がほっとしていると、相手はまだまだ不完全燃焼だったようで、「もう1ラウンドやろうや！」と言い出しました。当然、私は十分にグローブの感触を味わいましたので断わったのですが、周囲で見ていた相手の仲間たちからも続行コールが起き、このままでは帰してもらえないような雰囲気だったので、仕方なくというか、半ば強制的にあと1ラウンドだけ続けることになりました。

しかし、この後が大変でした。開始早々、強烈なローキックをもらい、その蹴りに意識を取られているとアッパーを続けて2発喰らいました。その後、肘打ちを打ってきたのですが、何とかそれをブロックして防ぐと、次は頭突きが飛んできました。この頭突きが故意であったかどうかはわかりませんが、この時になって相手の攻撃が明らかに喧嘩腰でありKOを狙っているのがわかりました。「これはもう喧嘩だ。このままでは危険なので、早く決着を付けなければ……」とは思ったのですが、何せ相手は日本ランキング1位のプロなので、そう簡単には終わりません。

その後も殴られ続けていたのですが、その中で、こちらが右のミドルキックを出すとバックステップでかわした後、踏み込んでワンツーを返してくるという相手のパターンに気が付きました。そこで私はあえて段差のある歩道を背にして立ちながら、誘いの右ミドルを出すと同時に自分もバックステップして歩道に乗り、相手の返しのワンツーがきたところで、思いっきってミドルキックの要領で振り切るように蹴り込みました。

「バコォッン!!」と鈍い音がして、相手の右ストレートに対して放ったミドルキック（中段回し蹴り）は、段差に乗っている分だけ高い位置になり、ちょうど相手の側頭部にカウンターで決まりました。

その一撃で相手はそのまま膝をついて前のめりに崩れました。その状況を見ていた周りの人たちがすぐに止めに入り、私はようやく地獄の路上スパーから解放されました。

この時、相手からすればミドルキックのフォームなので中段に意識が集中していたと思います。さらに私もミドルキックの要領で蹴り込んでいましたから、それが段差によってカウンターのハイキックとしてヒットしたため、その一撃には会心の手応えがありました。

しかし、私のほうも口の中があちこち切れており、かなり殴られましたので、しばらくは頭痛が酷くて大変でした。また何よりも顔の痣のために会社で不審者のように扱われたことに一番気をつかいました。

その数日後、ダメージが回復してから、改めて稽古場である倉庫を訪ねたのですが、その時には相手をしてくれたキックボクサーの姿はありませんでした。一緒に練習生をされていた店員に話を聞くと、彼は私に蹴られてKOされたことがショックだったそうで、あの後すぐに「タイのジムで鍛え直してくるわ！」と言って店を任せてタイに行ってしまったと言われました。

この時のスパーリングはリングの上なら確実に私の負けでしたが、勝負が路上の喧嘩に変わった時点で、普段から護身（というか当時は喧嘩ですが）を意識していたことによるとっさの機転によって、何とか難を逃れた出来事でした。こういうとすごく計算高く闘っていたように思われるかもしれませんが、この時に段差を利用して蹴ろうと思ったのは完全にその場の閃きであり、いわば「窮鼠猫を噛む」のたとえ通り、必死の状況下が生んだ偶然の結果だったことを付け加えておきます。

護道の術理解説

蹴り技への対応法

蹴り技に対する間合いの見切りからの歩法と、攻撃の瞬間（事の起こり）を捉えて制するための「四点結び」による目付の重要性を紹介しておきたいと思います。

まず蹴り技というのは様々ありますが、足の動作としては飛び蹴り（プロレスでいうドロップキックなど）を除けば基本的に両足で同時に蹴るということはできないため、どちらかの足はバランスを保つために地面に接しています。つまり蹴ってくる足は片足であり、また片足立ちになるということは、その瞬間はほぼ居着いて動けない状態（多少軸足をスライドさせたとしても）であることを意味しています。

蹴りを出すということは、蹴り終わるまでの間、バランスを保つために居着く瞬間があり、次の動作に移るまでのタイムラグが数秒であれ、起こります。よって、この相手が蹴りを出すために重心を移した瞬間に間合いを詰めて制していくことが理想のタイミングとなります。

加えて蹴り方には様々ありますが、足の動作としては真っ直ぐ足を伸ばした距離、つまり中段の直蹴り（空手でいえば前蹴り）がもっとも距離が稼げる蹴り技になりますので、この直蹴りがギリギリ届かない距離である「接続圏」を見極めて、そこから歩法を用いて攻撃ラインを避けて間合いを詰めることが大切になります。

また攻撃を目視してから、かわそうとして動作を起こすと必ず出遅れます。蹴り足が動いてから、どんな蹴りが来るのか？と考えて、下段廻し蹴りに対してはヒザブロックして…、直蹴りは下段払いで…、上段廻し蹴りは挙げ受けして…、などと考えていると、相手の攻撃のスピードが速かったり、途中で変化されてしまったら対応できなくなってしまう可能性が高いでしょう。

そのため護道では「四点結び」のイメージを使い、足の付け根である股関節の位置に注目し、その体幹の４点をぼんやりと見ながら「事の起こり」を見極めて間合いを潰すことで、蹴り技に付き合わないことを基本としています。これは、突き技への対応の際に、肩を中心として捉えることにも共通した概念です。

ポイント1〈“目付け”は股関節〉

相手の足は股関節に繋がっている。それは全ての蹴りは、この股関節が動かないと蹴ることができないことを意味している。変化する突き技への対応を説明する際に、手先の末端を見るのではなく、肩を見て対応することを紹介したが、蹴りの場合は股関節の動きを見ることが大切となる。初期の段階では、イメージで足の前後軸が相手と繋がっている（四点結び）と考え、相手の股関節の動きを感じ取ったら、相手と結んだ攻撃ラインから外れる（正面ではなく、斜め前に出ながら横にずれる）ことで蹴りをかわすトレーニングをすると、徐々に相手の蹴りの動きが感じ取れるようになってくる。

ポイント2〈片足立ちは居着きの状態 / 距離の基準は中段〉

左から、直蹴り、中段廻し蹴り、下段廻し蹴り、上段廻し蹴りの写真。どれも同じく、軸足はその場所で居着いていることがわかる。つまり、大半の蹴り技は片足立ちの居着いた状態になるリスクが伴う。また距離については、中段の蹴りが身体の構造上、一番距離が取れる。その中でも、基準となるのは中段の直蹴りである。中段の廻し蹴りは腰を入れる分、直蹴りよりも距離はあるが、モーションが大きくなるので直蹴りよりも動きが遅く、また遠心力がかかるため、次の動作への移行にも時間がかかる。直蹴りはその点で最短最速で攻撃できる技なので、これを基準に間合いを想定する。

ポイント3〈蹴る意識を持つと心身にタイムラグが生じやすい〉

①蹴ろうと意識して蹴ると、必ずバランスを取るために上体を後ろに倒して身体が崩れないように調整する必要性が出てくる。そうしたバランスをとるための動作も「居着き」に繋がり、次の動作を起こすまでにタイムラグが生じる。それは身体面でのタイムラグだけでなく、脳の情報処理の時間（身体への行動の指令）のタイムラグも含んでいる。「蹴ろう」と意識した瞬間（事の起こり）を捉えて、間合いを外すと相手の脳内で軽い混乱が生じる。その間に間合いを詰めてしまうことも可能である。②同様のメカニズムを利用した技法として「脚止め」がある。

ポイント4〈蹴りの制空圏を外れていれば安全〉

相手の蹴りの届く範囲（制空圏）から外れて（安全圏に）いれば蹴られることはない。その位置なら蹴りをすくっても蹴られる心配はなく、そのまま手を封じて間合いを詰めることも可能である。護道では「制空圏」と「安全圏」の間に、「接続圏」という拳一つ分ぐらいを目安にしたエリアを想定し、「接続圏」に差し掛かる瞬間に攻撃ラインからズレる「見切り」の稽古をしている。

【相手の蹴り技を封じる】

①護道構えをとりながら相手の両肩と両足の付け根を繋いでいるボックスをイメージする「四点結び」を行う。②間合いが「接続圏」に差し掛かった瞬間に「脚止め（相手を居着かせる）」を仕掛け、相手の蹴り技を封じる。③相手の足が居着いている間に歩法を使って相手の両手を押さえながら攻撃ラインをずれて間合いを潰す。④そのまま背面に入り込んでから誘導。⑤錬成力による「一体化」を使って動きを封じる。さらに応用として、「四点結び」をイメージして稽古を重ねていくと、相手が蹴り出そうと考えて行動に移す瞬間（事の起こり）がわかるようになる。そうなれば、⑥事の起こりを察知して攻撃ラインをずれながら間合いを詰めると、相手は蹴りを出せないままの状態で固まってしまう。⑦そこから側面や背面へ移動して、相手を捉えることができる。

このように護道では「蹴り技」への対応は、突きなどの手による攻撃への対応と同様に、相手の打撃技には付き合わない。相手の蹴りが届く制空圏の外から接続圏に差し掛かったら、「脚止め」して一気に間合いを潰すことで、相手との蹴り技での攻防を回避する。多種多様な蹴り技に対して、直蹴りには下段払い、中段廻し蹴りには流し受け、ローキックは膝ブロック、ハイキックは上段受け…などとやっていたら、反射神経が鈍いと防御が間に合わず、特に変則的なフェイントを交えた蹴りの対応は困難になるだろう。また、相手のほうが力が強い（筋量差や体格差がある）場合には、ブロックした腕や脚がダメージを受けることもある。

第5章 試合と実戦の隔たりを知る

格闘フリースクール

キックボクシングのスパーリングで改めて顔面攻撃への対処の甘さを痛感した私は、再び顔面攻撃のある打撃系の格闘技を習おうと思うようになりました。

そんなとき偶然、頭に防具をつけて殴り合って稽古している拳法の道場の前を通りかかりました。その殴り合いの様子を道場の外から見ていると、頭に防具はつけていますが、内容的にはフルコンの空手と同じように突きや蹴りを直接、相手の体に当てて組手を行っていました。あとでわかったことですが、頭にかぶっている防具は「スーパーセーフ」というボクシングのヘッドギアの前面にプラスチック（ポリカーボネイト樹脂）のカバーがついたプロテクターであり、拳には「拳サポーター」という軍手のようなグローブをつけていました。しかし、体には少林寺拳法や日本拳法の試合で見た剣道の胴のような防具はつけていませんでした。

しばらくして稽古が休憩になったので、道場の代表らしき人物に話しかけました。その方は、不動禅少林寺拳法（種川臥龍氏が１９４１年に32代を継承した拳法といわれている）の大会で

2連覇したことのある拳法家の新森立也先生でした。

その新森先生の話を要約すると、この道場は不動禅少林寺拳法のOBの方々が集まるために作られた場所らしく、そこには不動禅少林寺拳法の流れを汲む陽心館拳法道や日本太道（たいどう）連盟奥旨（おうし）塾などスーパーセーフをつけたフルコンタクト制の拳法の大会を開催している流派をはじめ、近畿大学空手部の方や、ボクシングジムの関係者、そして居合の先生まで、様々な分野の武道家、格闘家が在籍している道場でした。そうした不動禅のOBの方たちが現在、関わっている武道や格闘技の流派から集まって、「総合格闘技道場　拓斗会」という名称で自由に稽古できる場所として開放しているといわれていました。

私は、これは顔面対策の勉強にもなるし、また当時、護身での刃物の対応についても考えるようになっていたことから居合にも興味があったので、新森先生に入門したい旨をつげると、「ああ、いつでも来ていいよ。ここは趣味の会だから」とあっさりと許可され、早速、翌週から拓斗会の稽古に参加することになりました。こうして拓斗会に入門した私は、まずスーパーセーフをつけたスパーリングを行いながら、顔面攻撃への攻防の研究をするようになりました。

このスーパーセーフでの稽古は顔に外傷をつけることがないので、当時サラリーマンだった私にとっては会社で不審がられずに済むこともあり、初心者が顔面の攻防を学ぶのに有効だと

スーパーセーフを着用したスパーリングを重ね、顔面攻防を研究した。

感じました。

ただ同時にいくつかの問題点もありました。例えば、前面がプラスチックカバーで保護されている分、視界が狭くて相手の足もとが見えにくいことや、面の厚みの分だけ素面との距離感の違いがあり、何よりも素面で殴られた時と感覚が違うため、安全面と引き換えに、そうした実戦感覚を身につけるには、不向きな部分もあるように思えたのです。

しかし、その点を補うかのように、この道場にはボクシングをやっている方々も稽古に来ていたので、同時にグローブとヘッドギアをつけたボクシングの練習もできました。ボクシングの練習ではスーパーセーフのようなプラスチックカバーの部分がないことから視界が見えやすく、距離感は素面の時に近い感覚で稽古をすることができました。

ただ今度は、スーパーセーフにはなかったグローブによる違和感がありました。稽古を続けていくとグローブを利用したブロックの仕方やグローブ独自の打ち方などを覚えることで、グローブに頼る癖がつきやすいという問題点を感じたからです。例えば、グローブを盾のように使ってブロックしていると、拳サポーターや素手の時には拳をブロックしきれず、隙間を縫ってパンチが食い込んできたり、グローブの重さを利用して拳を軽く握って殴る癖がついていると、拳サポーターや素手の際には拳（指）を痛めたりもしました。

ただこのような用具に関する問題については、私がスーパーセーフの防具拳法の稽古や、またはボクシンググローブをつけた稽古だけをしていたのであれば、その違和感に気が付かなかったかもしれません。そうした意味では、拓斗会が様々な流派の人が来られる「格闘技のフリースクール」であったおかげで、顔面攻撃についても各流派の考えに触れることができ、使用する防具によって変わる対応を経験することができました。

このとき多角的に稽古方法について考えることができたのは、とても大きな収穫だったと思います。

居合による真剣の稽古

こうして顔面への攻撃に対する稽古を始めたのですが、さらに、この道場では曜日を変えて真剣を使った居合の稽古があり、以前から刀に興味があった私はその居合の流派にも入門させてもらいました。

そこで学んだ居合は「志神流居合剣術」といいました。志神流居合剣術は流祖でもある服部晃典先生が、家系に伝わる古流剣術をベースに独自にアレンジされて作られた流派で、暗殺を目的とした技（わかりやすくいえば相手の不意をつく戦法）が多く、また稽古では必ず真剣を使っているのが特徴でした。

私が居合を習いたいと思った理由は、以前にも紹介させていただいた通り、過去の喧嘩体験の中でも相手が武器を所持していることがあり、当時は殺傷能力の高いナイフなどの刃物への対応が私にとって重要な研究課題となっていました。そのことから「真剣を使った居合の稽古を通じて刃物の扱いに慣れておけば、刃物への恐怖心をなくすことができるのではないか？」

真剣を用いた試斬やスパーリング（寸止め）で、刃物の扱い方を学んだ。

と考えていたからでした。

服部先生は「真剣以外で稽古するのはチャンバラごっこ」といった考え方でしたので、初心者に対しても模擬刀ではなく、最初から真剣を持たせて稽古をさせてくれました。また稽古では私の要望に応えて、時には素手対刃物の一本組手や、お互いに真剣を持っての寸止めによるスパーリングを行うなど、まさしく「真剣勝負」の稽古をしていました。そうした稽古のおかげで、刃物に対する感覚は随分と変わりました。

このとき私が真剣の稽古を通じて学んだのは、「怖い」という感覚は自らが生み出す感情であり、ある程度は慣れによって解消できるということです。例えば刃物を見て「刺される！」

と思えば、まだ刺されてもいないのに恐怖で足が竦んで動けなくなってしまい、結果として刺されてしまうかもしれません。

しかし、刃物の構造を考えれば、突き刺す時は必ず切っ先の部分からしか刺せませんし、相手を斬る時は刃のついている部分でないと斬ることができません。当たり前のことですが、刃物の構造を知れば安全な部分もあることが見えてきます。そうした知識を持つことで恐怖感を最小限に抑えることができ、足を使ってその場から逃げ出すことも可能になってきます。つまり、刃物に対する恐怖感というものは、刃物を正しく認識していない、特性を知らないことによって、その怖さを必要以上に増長させている部分もあるということです。

護道の術理解説

刃物への対応法

刃物に対する対処法について解説したいと思います。居合剣術を学んだことで一番大きな収穫だったのは、素手で戦う格闘技と刃物などの凶器を意識した剣術との間合いの認識の違いでした。

フルコンタクト空手のルールでは顔面への手による打撃が禁止されているため、どうしても間合いが近くなります。それが手による顔面攻撃がある格闘技になると、顔を叩かれてノックアウトされる可能性が高くなるため、どうしても間合いはフルコンタクト空手の時よりも遠くなります。

しかしながら、競技としては、どちらも相手に攻撃を加えないと成り立ちませんので、積極的に間合いを詰めていくことになります。つまり、相手を殴るために手の届く距離に入らざるを得ないため、相手からも殴られる可能性があるということです。素手の場合はその殴り合いの中で先に強い打撃を当てた者が組手や試合で勝ったりするわけですが、これを剣術の発想で考えると、とてもリスクが高いことに気付きます。

例えば、もし相手が出刃包丁を手に持っていたらどうでしょうか？　その状態で素手の感覚で間合いを詰めて戦えば、滅多刺しにされるでしょう。つまり、刃物を持っている相手を想定すると「間合い」の概念はよりシビアにならざるを得ないのです。

私が剣術を学ぶ中で「間合い」の認識を改めたのは、服部先生から「刀では受けたら負けなんや。見せもん（型演武）ではやっとるけど、ホンマの武術には受け技なんかあらへん。いちいち払ったり捌いたりしてたら斬られて死ぬで！」と教えられたからでした。

「本当の武術には受け技は存在しない」

私はこの言葉に衝撃を受けました。斬られたら即死というリスクが伴う剣術の発想では、確かに「間合い」に対する考えも変わってきます。しかし、そのことが理解できてから改めて様々

相手を殴るための間合いに入ることは、相手からも殴られる可能性が生まれる。

相手が刃物などの凶器を持っている場合、間合いに対する考え方はよりシビアにならざるを得ない。

【剣術に受け技は存在しない理由】

①対峙した状態から、②相手の刀を受けたり、打ち払って回り込もうとしても、③相手は向きを変えるだけで容易に動きについていくことができる。④同じく対峙した状態から、⑤うまく攻撃ラインをズレることができたとしても、⑥体捌きで相手に反撃を加えようとすれば、その場に居ついてしまうため、逆に相手に斬られてしまう。

【受けず捌かず、歩法で抜ける】

①対峙した状態から、②自ら刀を相手の刀に沿わせながら攻撃ラインからズレて、③立ち止まることなく、歩法で間合いを詰めていくことで相手の首を斬り、④相手の背後まで抜け、転身して止めを刺してから残心。このように剣術では「歩法」を用いて相手の側面を抜けていくことで、払って受けたり、体捌きで相手を引き込んで反撃を試みる時に起こる「居つき」をなくす。これによって相手からの反撃のリスクを回避している。

【護身術に受け技は存在しない理由】

①対峙した状態から、②ナイフで突いてきた腕を体の内側に払い、③体捌きをして相手の顔面を殴って反撃したり、相手の首筋に手をかけて投げようとしても、相手に刃先を変えられてしまうと刺されてしまう。④対峙した状態から、⑤突いてきたナイフを引き込んで、⑥体の外側にナイフを払い、首に手をかけて、⑦腕を巻き込んで閂（カンヌキ）に極めようとしても、⑧巻き込んでロックする前に刺されてしまう。また、②と⑤の段階で相手がフェイントをかけて引いてくる可能性もある。

❹
❶
❺
❷
❻
×
❸
×
❽
❼

【護道では「脚止め」を用いて歩法で抜ける】

①基本の護道構えでは手首を斬られる恐れがあるため、②対ナイフでは構えの手をイメージ（制空圏を意識）しながら「無構え」で構える。③「脚止め」を使って、突いてきた相手の脳を混乱させて居着かせる。④攻撃ラインからズレながら、相手がフリーズしている間に、触れる感覚で手首を押さえる（このとき相手が空いている手で殴ろうとしてきた場合、右手でその攻撃を封じる）。⑤歩法で動きを止めずに間合いを詰めながら、手首を持ち替え、⑥側面を抜けてから転身。⑦「諸手封じ」で動きを封じる。⑧そのまま誘導して、⑨押さえる。このように現在の護道の術理には、剣術で学んだ護身のための術理が活かされている。

な現代武道を見直すと、素手の攻防が中心の武道や格闘技だけでなく、現代における多くの護身術においても、その過ちに気付いていないことに思い至りました。

　こうした居合剣術で学んだ「間合い」の概念は、現在の「護道」における技術として活かされており、そのことについては、これまで「護道構え」や「歩法」、そこから発展させた「脚止め」の技術として説明してきましたが、改めて対武器に関する技術を通じて、その重要性を理解していただけると思います。

ムエタイと任侠道

格闘フリースクール「拓斗会」での稽古を続けていくうちに、いろいろな人と知り合うことができました。そんな出会いの中でも特に印象に残っているのが、タイの国技であるムエタイを習っていたYさんと、元プロボクサーのMさんでした。年齢は2人とも私と同世代でした。

Yさんは最初、日本でキックボクシングを習っていたのですが、キックボクシングの源流であるムエタイの本場の選手が放つキックを味わうために、タイまで行って修行してきた人でした。タイに住む知り合いを頼って3年間、毎日タイのムエタイジムで修業をしてきたというのです。また元プロボクサーのMさんはYさんの友人で、ボクシングに限らず様々な格闘技に凄く興味をもたれている方でした。

しかし、そんなYさんとMさんの2人が道場に来られるようになったのは格闘技以外の別の理由からでした。

実は、居合剣術の師である服部先生は、少年院や刑務所に服役していた人の身元引き受け人として、出所してきた方をご自分の会社の社員として積極的に採用されながら、社会復帰を手助けされていました。そうした関係から、道場には刑務所を出所したばかりの保護観察中の人たちを稽古に連れて来られることがありました。

Yさんは某武闘派暴力団の若頭をしておられた方で、Mさんも元暴力団関係者であり、YさんとMさんは塀の中で知り合い、友人になったとのことでした。稽古時の着替えの際に見える入れ墨の姿に、当初はあまり馴染めませんでしたが、YさんもMさんも格闘技が好きで、その点に関してはとても純粋で、話をしているうちに打ち解けて仲良くなりました。

さて、そんなYさんの本場タイ仕込みのムエタイの蹴りを初めてキックミットで受けてみることになった時のこと。

「ドシッ!!」。Yさんは私よりも身長は低いのですが、想像以上に速くて重い蹴りにビックリしました。

手足や首回りがとても太く、体はボディビルダーのようなYさんの身体から繰り出される蹴りは、蹴られるたびに飛ばされそうになるほどのパワーでした。また首相撲からの膝蹴りのテクニックのバリエーションの多さにも驚かされました。さすがにムエタイが立ち技最強の格闘技と呼ばれるだけのことはあるな~と1人納得していました。

そして、これは何とかして自分の格闘スタイルの中に技術を取り込みたいと思い、まず蹴り方から教えてもらうことになりました。蹴りの練習をはじめて、すぐにわかったことはムエタイではリズムをとりながら全身をバネのように使い、ほとんどノーモーションで体をぶつけるように蹴っている点でした。

これは空手や少林寺拳法の蹴りとも、友人から学んだ膝先のしなりを利用するテコンドーの蹴りとも、のちに学んだダンサーのように回りながら蹴りを出すサバットとも明らかに違いました。つまり、膝の溜めによる脚の筋力と身体の中心軸を意識した円運動による遠心力を活かす蹴り方ではなく、ムエタイの蹴りは身体をバネのように使いながら前へと重心を移動することで推進力をうまく活用しているように感じました。

また元ボクサーであるMさんからは、ご自身が得意とする死角から飛んでくる変形のフックなどのボクシングテクニックや、クリンチの際にレフリーに気付かれないように行うことを目的としている高度な反則技なども教えてもらいました。

こうして教えていただいた技は、すぐに稽古で試していました。当時、道場には定期的に少年院や刑務所から出てこられた一癖ありそうな青年たちが体験で連れてこられることがあり、「ちょっと軽く稽古をつけてやってくれ!」と服部先生に言われてスパーリングの相手をさせられました。

そうしたときの相手は、Yさんや Mさんのように本格的に格闘技を学んでいた人は稀で、ほとんど街の喧嘩自慢のような青年たちでしたので、だいたいが序盤の勢いだけで、あとはスタミナが切れていました。逆に私は2人に教えてもらった格闘技流喧嘩殺法のおかげで道場内ファイトクラブではKOの山を築くことができました。こうした稽古を重ねていく中で、YさんとMさんとは格闘技を通じた友人になり、道場の先生方を含めてみんなで飲みに行ったりするようにもなりました。

しかし、そんな日々は長く続かず、Mさんが引受人だった服部先生と揉めて会社を辞め、別の会社に移ることになって以来、2人とも道場に来られなくなってしまいました。私はMさんが会社を辞められた経緯はわかりませんでしたが、道場に来られなくなっても、2人がこのまま社会復帰をされて幸せになられることを心から願っていました。

しかし、残念なことに期待通りにはいきませんでした。数年後、YさんとMさんは、ある金融機関の現金輸送車を襲撃する事件を起こし、再び逮捕されてしまったのです。新聞で読んだ襲撃の理由は、Mさんが次に就職した会社が経営難で傾き、Mさんは困っている会社の社長を助けたいという想いから金融機関を襲撃することを決意し、YさんはMさんからの相談を受けて協力する形となったようでした。

襲撃の計画はその会社の社長が思いつき、前科のあるMさんに相談する形で話を持ちかけたようで、結局はその社長が主犯であり、２人は担がれた形になっているなと私は思いました。そして最終的には、その社長が警察の取り調べに耐えきれず、自白して逮捕されたようでした。

Mさんからすれば恩義ある雇い主を助けたいという想いからの犯行、そしてYさんからすれば困っている友人を助けたいという想いからの共犯、そこには不器用な生き方しかできない彼らなりの任侠道があったのだと、格闘技の稽古に真摯に打ち込む２人の姿を知っているだけに、どうしてもそんなふうに感じてしまいました。もちろん、それでも彼らが罪を犯したことは変わりない事実です。

結局、刑務所へいく直前の面会には道場の先生たちだけがいくことになり、私はその後、お２人とは会っていません。ＴＶのニュースで彼らの顔写真が映し出された時、「道場であれだけ純粋に格闘技の稽古に打ち込んでいた明るい若者が、なぜこんなふうになってしまうのだろう」と、何とも言えない気分になり、しばらくそのことが頭から離れませんでした。それは私の心のどこかに「このまま格闘技を通じて２人は更生してくれるんじゃないか？」という期待が大きかったからかもしれません。

その後、私は何の因果か、保護司をしていたことがあります。保護司とは法務大臣から委嘱を受けた非常勤の一般職国家公務員であり、犯罪や非行に陥った人の更生を任務とするボランティア活動です。保護司の活動を通じた対象者との出会いの中で様々な人間模様を垣間見ることがあり、そんな時、ふとYさんとMさんのことを想い出すことがあります。

人は誰でもその時々に様々な選択肢を突き付けられて生きていると感じます。そして、その中にはどうしても避けられない選択もあるかもしれません。しかし、その後の運命に関しては自分の心の在り方次第で変えられるものだと信じています。

"拳脚のフェンシング" サバット

ムエタイのおかげで蹴り技に改めて興味が出てきた頃、空手サークルに見学に来ていた「サバット」をやっているというTさんと知り合いになりました。

サバットとは、19世紀初頭のフランスでミッシェル・カスーという人が創始した格闘技です。後にカスーの弟子のシャルルモン・ルクーが上流階級者を対象に「下層階級者と接触した際の護身術」として売り込み発展しました。そのため上流階級者が身につけている物を利用するように体系化されており、武器に対してはステッキ（杖）を使い、徒手には主にブーツ（靴）を利用した蹴り技が主体です。「サバット」という言葉の語源も「靴」を意味する言葉だそうで、その多様な足技から別名〝拳脚のフェンシング〟と呼ばれています。

日本では珍しいサバットですが、Tさんの話ではフランスでも現在はジムをやっているところが少ないらしく、そのためTさんはアメリカのロサンゼルスのジムで技を学び、レッドグローブ（空手でいう黒帯などの段位）の免許を取得し、某スポーツジムでその腕を買われ、日本でサバットを広めるインストラクターになるべく帰国したそうです。ですから、うまくいけばTさんは日本でサバットを普及させた第一人者になっていたかもしれませんが、日本ではうまく普及しませんでした。

Tさんいわく、当時サバット出身の格闘家であるジェラルド・ゴルドー選手が試合で反則行為を行ったことで日本でのサバットのイメージが悪くなった上に、同じく足技をメインとしたテコンドーがオリンピック種目となり、そのブームにおされてスポーツジム内のサバットのレッスンは廃止となり、生計を立てられなくなったということでした。

私自身はちょうど蹴り技に興味が出てきた頃でもあり、また珍しいサバットの技術を吸収したいと思い、Tさんに個人指導を頼んだところ、快く引き受けてくれました。またTさんはサバットだけでなく、カリ（オリシという60センチほどの短いラタン製の棒やダガという両刃の短剣を使うフィリピンの武術。別名エスクリマ）の棒術もできるというので、その基本も合わせて教えてもらいました。

サバットは、19世紀初頭にフランスで生まれた蹴り技主体の格闘技だ。

かくして私はサバットの稽古と研究をはじめたのですが、ムエタイ流の蹴りの癖が抜けずにサバット特有の円運動による蹴り方がなかなか身につかず稽古自体に慣れるのに苦労しました。しかし、ムエタイとサバットという二つの格闘技の異質な蹴り技を学ぶことで、技に変化をもたらすことができるようになり、またこの靴を履いたまま行うサバットの技術はのちの護身を考えていく上で、大きなヒントになりました。

そして、サバットが競技化する中で次第に客に見せるために派手さを考えて上肢への攻撃が多くなった逆の発想で、相手の動きを止めるための前足へのストッピングを中心に、足を使った崩しを工夫するようになりました。これがのちに護道の歩法を伴う「脚止め」に進化していったわけです。

そんなサバットの練習が続いていたある日、突然Tさんが「スパーリングをやろう」と言い出しました。それまでは技術講習とミット蹴りが中心だったので、本格的なスパーリングはこの時が初めてでした。

「アレイ！」

サバット式の礼とともに、まずお互いにグローブを合わせました。序盤はTさんからの変則蹴り、そして飛び蹴りなど、多彩なサバットの攻撃が連続して続いたため、私は受けに回っていました。しかし、こちらは手の内を知っているので、この時は空手式の体捌きで攻撃を捌きながら、変化をつけてサバットの蹴りとムエタイのミドルキックを織りまぜて反撃しました。この反撃にタイミングをずらされたTさんは、思うようにいかない様子で流れを変えようとして、そこから逆転を狙った得意の横蹴りを放ってきました。

しかし、それも想定していたので、冷静に捌きながら、横蹴りに合わせて中国武術で学んだ掃腿（そうたい）（回転下段廻し蹴り）を繰り出しました。

「バシッ！」。軽く蹴るつもりでしたが回転力がかかっていたこともあって、足もとを勢いよく払ってしまい、Tさんは一瞬宙に舞う形になり、「ドォンッ！」という音とともに道場の床に落ちたところで時間切れとなり、スパーリングは終了しました。

Tさんは、このスパーリングの結果が意外だったようでかなり悔しがっていましたが、「君の成長には驚いたよ！」とほめてくれました。私はTさんからサバットの技術を一方的に学んでおり、逆に自分の技術は全然Tさんに教えていないのですから、これは最初からハンデがあったようなものです。スパーリングのあと、Tさんは「これを見て稽古してください」と海外で購入したというサバットのビデオを1本プレゼントしてくれました。

しかし、この最初で最後のスパーリングのあと、Tさんは道場に現れなくなりました。今思うと、もしかしたらあれがTさん流の最終試験のようなものだったのかもしれないなと思っています。

試合と実戦の違い

さて、こうした稽古を通じて私は少しずつ顔面攻撃への感覚にも慣れはじめ、スーパーセーフをつけたKOルールの打撃系トーナメントに出場して優勝することもできました。

しかし、稽古に慣れ、試合で勝てるようになるほどに自身の心の中で違和感が出てきたのです。

多くの流派・団体が独自の規定を設けた試合を行っており、私も防具付きの拳法の大会に限らず、少林寺拳法、フルコンタクト空手、居合（型演武ではなく、試斬の大会）、グローブ空手、総合格闘技、ブラジリアン柔術、グラップリングマッチ（コンバットレスリング）等々、様々な形式の違う試合に出場した経験がありますが、試合形式を導入している団体では、当然ながら普段の稽古でも競技に繋がる練習をしていました。

そして、私が競技試合で手応えを感じ始めると、必ず何かトラブルに巻き込まれ、競技ルールの稽古が護身や日常生活に活かすための術理に必ずしも繋がっていないということを体験しフルコンタクト空手や防具付き拳法など、様々なルールの試合に出場した。

てきました。

例えば、先ほどのノックアウト形式の打撃系トーナメントで優勝した数日後、当時住んでいた近所の商店街にある自動販売機で夜中に飲み物を買っていたら、30代後半ぐらいのガッチリした体格の男が突然、怒鳴り声を上げながら、通行人の老人の胸を殴打する場面に遭遇したのです。

倒れた老人を見て、周辺にいた4～5人の男性が何事かと集まってきました。すると老人を殴打した男は集まった野次馬に対しても無差別に次々と襲いかかり、ある人は殴られ、あるいは衣服を掴んで振り回され、そのまま壁にぶつけられたりして、あっという間に数人がその場で倒れこんでしまいました。

そして、男は叫びながら、今度は私に向かって殴りかかってきたのです。私は咄嗟に相手のパンチが届くよりも先に右ストレートでカウンターを合わせ、そのことで相手のパンチは届かず、空を切りました。

突然の出来事にとまどいながらも、その流れで続けて左の突きを放ちました。しかし、相手は殴られながらも怯むことなく突進し、しがみついてきました。

私はしがみついてきた相手の腕の内側から自分の腕を差し入れて首を抱え込んでムエタイの首相撲に持ち込み、膝蹴りのコンビネーションを顔面と腹部に数発放ちました。しかし、驚いたことに男は体を丸めて左右に身体を振りながら膝蹴りを両手でブロックしていたのです。ただそのために相手の頭部が下がっていたので、私は攻撃を後頭部へ切り替えました。

この時、素手で頭蓋骨を叩くと拳を痛める恐れがあるため、延髄から首筋を狙い、空手の正拳突きの要領で振りかぶり、ややジャンプをするような感じで、上からパンチを数発、打ち下ろしました。

さすがにこの攻撃は効いたようで、たまらず相手が離れたので、その離れ際に左上段回し蹴りを、思いっきり顔面に叩き込みました。

「バチーンッ！」

おそらく、これが試合であったなら相手を完全にKOしているはずの会心の一撃でしたが、それでも相手は倒れなかったのです。それどころか蹴りを喰らいながらも踏み留まると、振り向き様に右ストレートで反撃してきました。

ちょうどKOルールの大会で優勝した直後のことでしたから、競技思考のまま闘っていた私は相手が倒れずに向かってくることに、ただただビックリしていました。間一髪のところで本能的に首を傾けて攻撃を躱したのですが、左耳にパンチが擦り、かぶっていた帽子が後方へと吹っ飛び、左耳の当たりは一瞬にしてチリチリと熱くなりました。ただ、さすがに男もかなりダメージがあったようで、その後は勢いが止まり、しばらく対時した状態が続きました。

殴っても蹴っても向かってくる相手に畏怖を感じ始め、このままでは恐怖感に呑まれてしまうと考えた私は勇気を振り絞って自ら強引に間合いを詰めようとした時、男は急に「ワシは○○組の○○じゃ〜」と叫び、上着を脱いで上半身裸になり、入れ墨を見せ出しました。

そこで改めてよく見てみると、男の小指もありませんでした。どうやら相手はヤクザ者のようで、それをアピールすることで心理戦に持ち込もうとしたのかもしれません。

しかし、遠山の金さんの桜吹雪じゃあるまいし、それを見せられても「ははぁ、畏れ入り奉りました！」と観念するわけではなく、むしろ相手の行動は当時の私に対しては全くの逆効果でした。

なぜなら以前、お世話になった田中正吾先生から「相手がヤクザだとわかったら後で報復されないように記憶が飛ぶぐらい叩きのめしてから逃げろ」と教えられていたからです。

そのセリフが脳裏を横切り「こうなったら徹底的に叩きのめしてやろう」と再度、闘志を燃やして向かっていこうとすると、サイレンを鳴らしながらパトカーがやってきました。近隣の人が通報したのでしょう。しかし、なぜかパトカーは少し離れたところに停車して警官が降りてきました。その間に男は反対方向に走って逃げ出しました。

そして警官がパトカーに乗り直して近付いてきた時、近所のスナックのマスターが「正当防衛いうても警察いったら後々ややこしいだけやから逃げたほうがええ」と私に言って路地を抜けたスナックの中で隠れるように指示してくれました。その後、パトカーは男を追跡したようですが、取り逃がしてしまったようです。

男が暴れていた理由は不明ですが、警察の見解ではクスリ（覚せい剤）をやっていた可能性があるとのこと。また殴られた被害者の人たちは救急車で運ばれ、顎の骨が折れて長期入院をされた人もいました。おかげで私自身は「試合で通用する技＝実戦で通用する技」とは限らないことを改めて学ぶことになったのです。

この喧嘩によって、まずスーパーセーフの感覚に慣れていたため、素面への蹴りの感覚が微妙に狂っていたことが考えられました。スーパーセーフ越しに叩いてＫＯできる打撃なら素面ではより効くと思われがちですが、実際は素面だと接触した際の皮膚感覚の反射で相手が無意識に力を逃がす可能性もあるわけです。

また膝蹴りのあとに試みた首筋へのパンチ攻撃も、同じ打撃を使うのであれば「手刀打ち」や「鉄槌」、「肘打ち」のほうが身体の構造上、合理的な攻撃であったといえます。加えて当時学んでいた打撃系武道の試合では投げや関節技が禁止であったため、路上の接近戦で効果的な投げ技への意識がなくなっていました。

普段の練習が試合中心になっていたため、思考の柔軟性が欠如してしまい、肝心のトラブルの際に、それが癖となって出てしまったことを深く反省したのです。

第6章

護身武道の戦略パターン化

深夜のバーリトゥード

路上でのヤクザとの喧嘩の一件で、試合での優勝や入賞した経験が実践力としての強さのバロメーターにはならず、特に限定した闘いのみを想定した試合用の稽古は、護身術としては弊害のほうが多く感じるようになっていました。

さらにその後に出場した無差別の打撃系格闘技トーナメントの2回戦で身長190センチ以上、体重100キロ近い外国人の選手と対戦した際に、相手のジャブだけで、なかなか間合いを詰められないことがありました。その時に唯一、的確にヒットさせられたのは相手の踵落としに合わせたカウンターの金的蹴りでした。

ただファールカップを付けているのでダメージは与えられず、相手を逆上させただけに終わりました。このルールではリーチ差があると勝ち目はないと感じた私は、翌日の仕事にダメージを残さないことだけを考え、反則であるタックルばかり狙って注意を受け続けるというスポーツマンシップに反する行動をとり、おかげで無傷で済みましたが、当然ながら試合は判定負けという結果になりました。

「結局、殴り合いになると身体の大きいほうが有利なのは覆せないな…」と感じて打撃系の競技武道に対して気持ちが離れていきました。

しかし、この時はまだ明確な指針もなかったため、何をしていいのかもわからず、しばらくは筋トレなど、いわゆる基礎体力運動やサンドバックを叩くといった自主トレだけを闇雲に続ける日々が続きました。

そんなある夜、大阪ミナミのアメリカ村から少し離れた場所にある当時は人通りが少なかった堀江公園の街灯の下で、キックミットを蹴っている数人の人影を見つけました。

そこで話しかけてみたところ、彼らはキックボクサー、空手家、プロボクサー、柔道家と皆別々の武道や格闘技を学ぶ者の集まりで、それぞれのやっている格闘技の特色を実戦で活かすための研究会として自然発生的に集まってきた者たちでした。

興味を持った私は、防具を付けた拳法をやっていたことを告げて、仲間に入れてもらうことにしました。

その研究会での稽古内容は、まず公園を各自のペースで軽くランニングし、そこから立ったまま軽く柔軟した後、キックミットを交互に持って軽くミット蹴りを行い、体が温まったら、地面に描いた円の中に2人が入り、試合形式でスパーリングを総当たりで繰り返すといった内容でした。

特別な技術講習もなく、要するにスパーリングをしながら各自で考えるということでした。また、そのスパーリングのルールですが、打撃、掴み、投げが認められていて、勝敗は打撃によるKOか倒れたら負け（両膝がついても転倒とみなす）であり、さらに土の上に書いた円から出てもいけないという、空手と柔道と相撲を混ぜたようなルールでした。

それでも、このルールに近いことは以前から練習していたことがあるので、別に抵抗はなく、さらに中国武術からヒントを得て自分なりに改良した投げ技があったので、打撃系の人は、この投げ技があることで組めば転倒させることができ、ほとんどルール内で負けることはありませんでした。

しかし、柔道家の人だけは逆に組むとすぐ投げられてしまいました。

しかも場所は公園であり、当然ながら土の上に叩き付けられるダメージは大きく、地面に背中が叩き付けられると「ドムッ！」という、まさに肉の固まりが落ちたような鈍い音と共に、一気にダメージが全身に拡がり、とにかく気分が悪く、一度投げられるとしばらくは立ち上がることができませんでした。

またほんの小さな石の粒であっても投げられた際に背中の下敷になっていると突き刺さるような痛さがはしり、実戦で転倒するということの恐ろしさを改めて痛感しました。投げ技は地面へ叩きつける全身への打撃技であることを理解しました。

実際に街中の喧嘩による死亡事故の大半は殴ったり蹴ったりで亡くなるのではなく、その打撃により転倒して地面で頭部を強打して死亡するケースが多いことも含めて、危険性を再認識させられました。

そしてもう一つ、驚いたのは、打撃系よりも組み技系のほうが場合によっては有利であることでした。

ここの研究会でも最初はボクシングとキックの人が強かったようですが、途中から空手の人が体を鍛えてガードしてインファイトするスタイルにかわり、皆が打撃に対して打たれ慣れてくると、掴み合いになるケースが増え、最終的に投げ技に長けている柔道家に誰も勝てなくなったという経緯を聞きました。

ちなみに柔道家の勝ちパターンは、頭部だけをガードして間合いを詰めて相手に体当たりしながら、しがみついて小内刈りや内股で浴びせ倒すという戦法でした。

これはいわゆるグレイシー柔術が打撃戦をさけてタックルへ行き、寝技に持ち込む戦術に近い発想なのですが、この頃はまだグレイシー柔術もバーリトゥード（何でもあり）も全く知られていない時でしたので、当時の私には衝撃的な出来事でした。

それから私はその公園に通って、実戦で有効な投げ技とその対策の研究をすることになりました。

ブラジリアン柔術と総合格闘技

しばらくは深夜の公園で行われるスパーリング大会に参加して多くのことを学びました。しかし、その後、仕事が忙しくなったこともあり、夜間に集まるということが難しくなったため、参加できなくなりました。

そんな中、アメリカで開催されたアルティメットファイティングの大会で活躍したホイス・

グレイシーが武道や格闘技に携わる者の中で話題になりました。そのグレイシー柔術の闘い方をビデオで見て「ああ、やっぱりこうなるのか！」と、1人納得していました。

それからグレイシー柔術やブラジリアン柔術について調べるようになりましたが、当時はまだ国内ではブラジリアン柔術の道場はなく、技術に関する知識を得ることは難しい状況でした。

そんな中でいち早くブラジリアン柔術のテクニックを研究していたのがタイガーマスクとして一世を風靡したプロレスラーの佐山聡氏が創始したシューティング（修斗）という総合格闘技の団体でした。

ただその当時、関西には正式な修斗のジムはなく、加盟団体という形で総合格闘技を練習している団体が活動している状態でした。私はブラジリアン柔術の技術が知りたくて、その加盟団体の道場に入門しました。

道場での稽古内容は、打撃はボクシングのワンツー（突きの連打）などのシャドー、蹴りは膝蹴りだけを繰り返し、タックルから相手を担いでテイクダウンまでの基礎トレをした後、グローブをつけた打撃のスパーリングを行い、最後はグランド（寝技）を中心とした稽古とスパーリングを総当たりでやっていました。

立ち技での打撃の稽古しかやっていない者にとって寝技の稽古は、慣れるまではとてもきつ

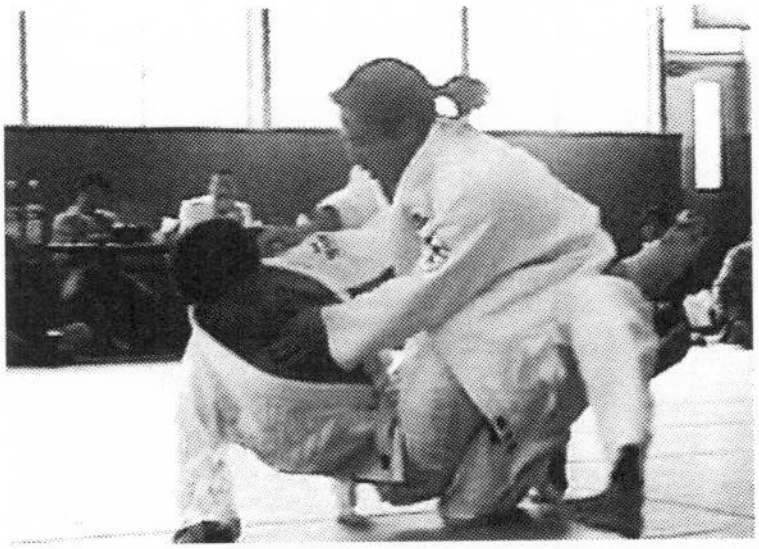

関西で初めて行われたブラジリアン柔術の大会に参加した時。

く感じます。本格的にグランドの稽古をしたことがなかった私も、当初とてもハードに感じました。

ただ、これは逆も同じようで、つまり組み技しか稽古していない者は同様に打撃の稽古は慣れるまではハードに感じるようです。

こうして寝技を稽古しているうちに、もっとも大切なのは立技と同じく、有利なポジションをキープすることだと気付きました。

マウント、バック、サイド、アンダーなどのポジションをキープしてからの攻撃、そのポジションを取るためのパスガード、さらに立技での間合いを詰めるためのストッピングからのタックルなど、そうした技術と戦略がブラジリアン柔術（グレイシー柔術）には確立されていることが強さの秘密であると感じました。

また、寝技については、例の暴走族との喧嘩の時のように、転倒したのち上から集団で踏まれるということもあることから必要性は感じていました。

もちろん、転倒しないようにするのは当然のことですが、対多数でなくても寝ている時に襲われることも考えられます。それ以前に、1対1であっても組み技や寝技になった場合はどうするのか？という疑問も残ります。

護身術として考える時は都合のよい状況だけでなく、最悪の状況下も想定しておくことが大切です。

組まれたら切り返す、転倒したら立ち上がる、押さえ込まれたら脱出する。対多数こそ、寝技や組み技に対する手段を考えておくことが必要になります。またその上でないと、打撃を含む立技での技術も真に活用することはできないものです。

護身のルール

こうしてブラジリアン柔術の技術を学んで、しばらくした頃に研究のための交流ということで、組み技専門の武道の先生、打撃専門の武道の先生と総合ルールで組手をする機会がありました。

組み技専門の先生は、友人が紹介してくれた柔道家でした。その先生はバーリトゥードでのグレイシー柔術の活躍を引き合いに、組み技の有効性やマウントポジション等の技術などを説明してくださりました。

しかし、打撃技に対しては「打撃など喰らっても、そのまま捕まえればいいので、まったく必要ない」と否定的でした。

そして、総合ルールでスパーリングをすることになりました。

組み技専門の武道の先生は余裕の笑みを浮かべ、ガードを下げたまま構えていたので、組む振りをして手を押さえながら右のハイキック（空手でいう外廻し蹴り）を出すと綺麗にヒットして、相手が倒れたところを押さえ込んで、あっけなく終わりました。

次に打撃専門の武道の先生ですが、こちらは顔面攻撃ありの打撃系の大会で優勝している重量級の先生でした。この先生は逆に「実戦には組技など必要がない」と言われていました。

そこで総合ルールでスパーリングをすることになりました。

体格差がありましたが、すぐに組み付いたため殴られることはなく、何とかクリンチ状態から足をかけて寝技に持ち込むことができました。

腕力は強かったのですが、グランドでは技術を知らなければ、よほどの体格差がないかぎり腕力で補えない壁があります。しばらく脱力して上に乗りながら様子を見てから、バックを取って裸締めをかけると簡単に決まりました。

これらの話は自慢話として紹介したわけではなく、本題はここからです。

はっきりいえば両先生は私よりも体格、筋力、運動能力ともに勝っていました。このとき私が両先生を組手で凌ぐことができたのは、単なる知識の差に過ぎなかったのです。ですから、それぞれの練習をすれば2人ともすぐに私よりも強くなると思いました。

そこで私がそれぞれにない技術の習得を勧めると、彼らからは、「複数のことをやるより何か一つを極めたほうがよい」と、まったく同じ返答がかえってきました。

当時の私にとって両先生のコメントは意外なものであり、ビックリしましたが、考えようによっては、その言葉にも一理あるようにも思いました。

なぜなら1人の人間がすべての武道を極めることは、一生かけても無理だと思ったからです。

そんなことを考えている時、ふと閃くものがありました。

それはグレイシー柔術の「戦術」のことです。彼らは自身の勝ちパターンを持ち、様々な状

試合と実戦と自他護身の違い（その1）

一定のルールを設けて技を競う合う格闘技の最大の特徴はフィジカルを使うことがメインであることだが、実戦（護身・喧嘩・殺し合い）を想定している武術では特定のルールがなく、相手を早く倒すことや生き残ることが目的となるため、むしろ生身の肉体で闘う（フィジカルを使う）状況はリスクが高いため、そうならないことを目指す必要がある。つまり、競技で有効でもルールという制限がない実戦では使えない技術が出てくる。事例をいくつか掲載しているが、これらに共通しているのは相手の片手、または両手が自由な状態であることが一つのポイントといえる。

①打撃技が有効な距離での攻防に付き合わず、一気に間合いをつめてタックルで密着するバーリトゥード（何でもありを意味する総合格闘技の試合）でのブラジリアン柔術の闘い方は、打撃技の盲点をうまくついた戦略である。ただ護身においては相手がナイフなどを隠し持っている可能性もあるため、やはり手をフリーにさせることは危険度が高いと言わざるを得ない。

②同様に寝技においても、相手の片手が自由であれば隠し持ったナイフで刺される可能性などもある。

③また相手が武器を所持していなくても、手が自由だと足や手の指を掴まれて関節が曲がらない方向へ曲げられたり、相手の顔の前に身体の一部をさらしていると噛みつかれることもある。他にも身体を引っ掻かれたり、掴んでつねられたり、髪の毛や耳など掴みやすい部分を引っ張られたりすることも想定する必要がある。

これらの攻撃は本能的な行動であることから、極度に追い詰められた状態や強度行動障害者のパニック時の行動として多く見られるが、多くの格闘技では反則であるため、対応法が想定されていない。また武術として考えた場合も、技として本能的な攻撃を使用することは考えられているが、それらの攻撃に対して相手に怪我を負わせることなく防ぐ手立ては考えられていない。例えば相手に噛みつかれた場合、同じように急所を攻撃してダメージを与えて回避したりする方法がとられている。

こうした部分が格闘技と武術、そして武術と護道の大きな違いの一つだといえる。

競技での反則行為は、実戦では有効な手段であることが多い。目突きや噛みつき、爪で引っ掻くなどはパニック対応では多く見られる。また両手で胸ぐらを掴むと頭突きを避けられないように、相手の体の動きが自由な状態で、自分の腕に制限をかけるような対応は避けなければならない。

試合と実戦と自他護身の違い（その2）

格闘技はフィジカルを使うことがメインで、武術はフィジカルを使う状況は最終手段としていることは説明した。強度行動障害者のパニック対応を想定している護道では、自他護身がテーマであることから、フィジカルを使うことも想定しつつ、同時にフィジカルを使わずに争い（パニック）を収めることがメインとなる。つまり、技を使わなくて済む状態を目指している部分が最大の特徴といえる。

①護道構えは「ちょっと待って」というノンバーバル（非言語）コミュニケーションのポーズでもある。構えた時点で相手が攻撃意識をなくしてくれれば、それ以上の展開はなくて済む。またこの段階で脳波を変えることができれば、争い（パニック）を起こさずに済む可能性も高くなる。

②「脚止め」で相手の足での攻撃を封じておく。

③護道構えで相手との間合いを埋めていく。このとき相手に指を掴まれた場合は掴んでいる相手の手を掴んでしまい、側面に廻ればよい。また構えの腕を振り払おうとしてきても「錬成力」と「一体化」が正しくできていれば、そのまま相手と繋がることができる。

④相手の腕を封じる。このことで、殴る、掴む、引っ掻く、眼を突く、つねる、指を取る、噛みつき、頭突きなどを封じることができる。

⑤側面や背面から抱きかかえて動きを封じる。この際に自分の腕がハサミになったイメージをして腕を絞るのがポイント。相手が抵抗して腕を開こうとした力を利用して腕を後ろで抱える

⑥仙骨の部分を押して重心を誘導して相手を座らせる。

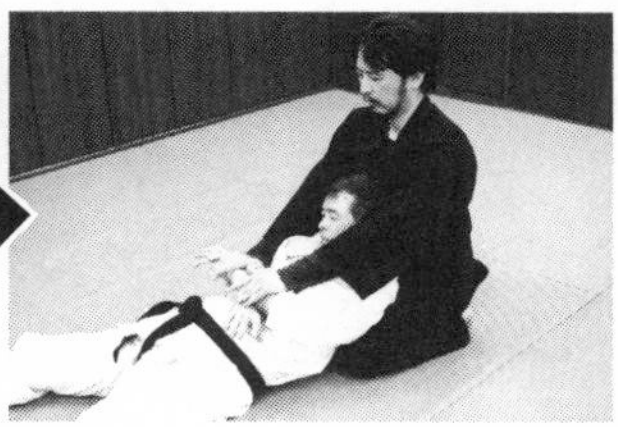

⑦相手を抱きかかえて呼吸を合わせて、ときには前後左右に体を揺らして、リラックスを促すことで心身を落ち着かせる。制圧術ではなく、相手の身体を整えていく手段である。また脳波を変えることができれば、争い（パニック）そのものが起こらなくなっていく。

況をその勝ちパターンへ結び付ける方法を稽古をしています。

考えてみれば、打撃のみのルールでは打撃の先生には敵わなかったでしょうし、組技のみのルールでは組技の先生には敵わなかったでしょう。そして、総合格闘技のルールでは、総合の選手やグレイシー柔術の選手に試合で勝つのは難しいということでもあります。

しかし、逆に独自の「護身のルール」を構築して、そこに相手を巻き込んで身を守る方法を確立し、それに集中して稽古することで、その得意なルールに相手を引き込むことができたら弱者が強者から身を守る「小よく大を制す」が可能になるのではないだろうか？

まさに逆転の発想ですが、武道の共通点を見いだし、護身のルールに引き込む武術があればいいなと考えるようになりました。

そう考え出した時、素手、武器ともに制約のない想定の古流武術を、改めて研究してみようと思うようになったのです。

達人の涙

従来の武道にない護身の戦略を構築し、その戦略を極めて身を守るという新たな護身武道の構想のため、素手による立技、寝技、そして様々な武器術など、あらゆる局面への対応を研究し、その共通点を見極める作業が必要だと感じはじめていました。

そして、その研究対象として、素手の体術と武器術が競技としてのルールという制限なく残っている古流武術にヒントはないだろうかと思い、改めて研究してみようと思うようになったのです。

そこで、合気道や八光流柔術や古流武術を研究している研究会へ出かけて、指導を仰いだこともありました。

武道雑誌『月刊秘伝』でお馴染みの日野武道研究所や練気柔真法の道場にも伺ったことがありました。

それら古流武術は格闘技にはない視点があり、新しい発想への刺激になった部分もありまし

古流武術や合気道にヒントを求め、特に養神館合気道・塩田剛三先生の動きを研究した。

たが、当時の私のレベルでは理解が追いついておらず、どこも長続きしませんでした。

限定された約束稽古ではなくランダムな動きの中で、その理論を体現できるようになるイメージがどうしても湧かず、その理論が大変素晴らしいものだと気付くまでにはタイムラグがありました。

そんな中で当時、一番興味を持って研究していたのは、養神館合気道の塩田剛三先生でした。塩田先生の動きには何か感ずるものがあり、ビデオテープを何度も再生して見ていました。そして、これは実際にお会いしてみたいと考え、東京へ行く段取りをしはじめた頃に塩田先生の訃報のニュースを聞き、ショックを受けたことを覚えています。

その後、芦原会館でお世話になった英武館の松本英樹先生の記事が掲載されていたことで購入した『月刊秘伝』に掲載されていた琉球武術の達人の姿が目に留まりました。琉球武術とは沖縄の地で古くから伝わる手（ティ）と呼ばれている沖縄の武術の総称です。ちなみに空手（唐手）も含まれています。

その中で私が気になったのは徒手格闘から武器、そして武器も刀から日用品の竹ホウキまで、あらゆる攻防をまったく同じ動作で捌いていく１００歳近い高齢の武道の達人の写真でした。

その写真から直感的に何かを感じた私は「これはご年齢的にも早く会いに行って、実際に確かめねば！」と思い、その先生の連絡先を調べて連絡を取り、その年の夏に沖縄へと出かけました。

待ち合わせの日、「沖縄のサンセットビーチという海岸で稽古しているので早朝5時に来るように」といわれ、まだ誰もいない海岸で琉球武術の先生が現れるのを待っていました。

しばらくすると、剣や棒や槍など様々な武器を担いだ若い弟子の方と共に琉球武術の先生が現れました。

その琉球武術の先生とは、琉球王家秘伝武術である「本部御殿手（もとぶうどぅんでぃ）」という武術の第12代宗家である上原清吉氏でした。

琉球王家秘伝武術「本部御殿手」第 12 代宗家、上原清吉先生。

上原先生は本部御殿と呼ばれた旧琉球王族で、沖縄最強の空手家と言われていた本部朝基氏の兄である本部朝勇氏という武術家から本部御殿に伝わる秘伝の体術や武器術などを学んだ武術の達人でした。

そんな上原先生ですが、とても温和な方で改めて私が見学をしたい旨を述べると、快く承諾していただきました。

そのとき見た本部御殿手の稽古は基本となる独自の調整法を行い、その後、基本動作の確認、そこから４人の高段者が前に立ち、他の弟子の方々が突きを出していき、それを高段者が受けて技を掛けるという掛かり稽古を行っていました。

弟子たちの一通りの稽古が終わると、上原先生が中央に立ちました。その周りを先ほどの高段者を含む弟子たち各々が武器（中国式の刀〈湾刀〉、棒〈長棒〉、剣〈両刃の剣〉、槍など）を手に持って取り囲みながら1人ずつかかっていきました。

かたや上原先生はというと、蠅たたきの棒の先端に布を巻き付けたようなものを持っていました。それは明らかに人を倒すような道具ではなく、子どものオモチャのような代物でしたが、弟子たちが上原先生にかかっていくと先生は歩みよりながら攻撃をかわし、

「ポン！　ポン！」

と擦れ違いざまにその棒の先についた布のボールで弟子の顔を叩いていきました。その動きには無駄がなく、失礼ながら一見しただけではやらせのように見えるほどでした。また時折、側面や背後から関節技をかけて制圧していました。

その後も、様々な武器術から素手の体術に至るまでいろいろな攻防がありましたが、すべて同じ動きでかわされ、結果は何をやっても同じでした。

この時、上原先生は94歳という年齢でしたので、まさに達人という言葉が相応しい人物でした。

しかし、逆に年齢のことを考えると若者たちと同じように動いて稽古するのは体力的に大変ですから、動きに無駄がないのは当然のことであり、言い換えれば人の動きの共通点を上原先生が見極めていたということでしょう。

私は稽古を終えた上原先生に誘われて、ご家族と一緒に食事に同行させていただくことにな

りました。そこで先生はいろいろと武術の技や心構えについてなど、貴重な話をしてくださり、大変ためになりました。そして、先生から戦争体験の話を伺いました。

上原先生は戦争中フィリピンで軍属として徴用されて参戦し、実際に武術の技で乱戦を切り抜けた経験をしたため、戦争とはいえ人を殺した感触を思い出してしまうことに苦しみ、戦後は武術から離れていた時期があったそうです。その後、本部御殿手の正当な継承者（血族）が生きておられることがわかり、師の恩を返す意味で受け継いだ技を継承者に返すために再び稽古を再開されたという話でした。

また戦争について上原先生は、「絶対に戦争はいけない。人を殺してはいけない」「たとえ戦争でも人を殺せば穴（墓）二つ、一生後悔が付きまとう」と語りながら涙を流されていました。戦争を知らない私にとって、武術の技を使って実際に人を殺してきた上原先生が涙を流しながら語るリアルな体験談は重く、衝撃的なものがありました。

「街中での喧嘩に勝つために強くなりたい」

そう思って武術に取り組んできた若造だった私は、人の命を奪い合う戦争を体験してきた上原先生の話を聞き、これまでの自身の経験が単なる幼児のママゴトみたいなものだということに気付かされました。

上原清吉先生から指導を受ける著者。上原先生のもとを訪れたのは、1998 年と 1999 年のことであった。

上原先生が武術という接点を通じて、戦争体験で得た争い事の招く悲惨な結果を若者たちへ伝えて来られたことに、何か言葉には表せない深い意義を感じました。

そして翌年も上原先生の指導を仰ぎに沖縄へ行き、2回目に訪問した際には、先生から直接実技を掛けて指導していただくことができ、とても貴重な体験をさせていただきました。

例えば普段、何気なく立っていたり、歩いていたりしますが、ほとんどの場合が、無自覚で自分勝手に行ってはいないでしょうか？

しかし、ただ立っているように見えた上原先生の身体を持ち上げようとすると、その身体はちょうど電信柱を抱えて引っこ抜こうとしているような感じで、その身体の軸は地球の中心まで突き刺さっているような感覚でした。それは自然との調和した力の存在を認識した瞬間でもありました。

まず真っ直ぐに立つこと、そしてそこから歩き出す一歩が重要であると教えられました。

また、上原先生は部外者である私に対しても、道場生たちと差をつけることなく指導してくださり、質問には何でも答えてくれました。その先生の人との間に差をつけない人間性に触れ、「人はその道の『悟り』に達した人を達人というけど、本当に人との間の差を取るから悟り（差取り）というのだろうな…」と、そんなことを考えていました。それは、自然との間の差を取ることでもあることに後になって気付きました。

そんな上原先生は１０１歳の長寿を全うし他界されましたが、先生から受けた技の感覚は今も私の身体の中に残っています。

指導をいただいたのはたった2回でしたが、当初の目的だった護身戦略の研究だけでなく、もっと大きな目標が新たに見えました。私にとってターニングポイントとなる出来事だったと、今振り返ってみて思います。

第7章
「自他護身」というコンセプト

青空護身術道場

これまでずっと武道を学ぶ側でしたが、ある出来事を境に人に教えるようになりました。

ある日、近所に住む小学1年生のお子さんを持つお父さんが訪ねて来られて、「師匠！　うちの子に空手を教えてやってもらわれへんやろか？」と突然、武道の指導を頼まれたのです。

それまでの私は武道を学ぶ側でしかなく、自分が構築してきた技を人に教えることは考えていなかったので、お断りしました。

しかし、このお父さんは、あくまでも私に教えてもらいたいというのです。それにはお父さんが、子どもに武道を学ばせたいと思った出来事が関係していました。

その出来事とは、子どもが1人で家に帰る途中、見知らぬ男が近づいて来て、その子の持っていたカバンにライターで火をつけ出したそうです。

その子は突然のことにビックリして、その場で固まってしまい、男が立ち去るまでの間、何も言えず、カバンがプスプスと火であぶられながら燃やされているのを黙って見ていたそうです。

無理もありません。まだ小学1年生の子どもにとっては、突然カバンに火をつけられるなど想定外のことだったはずです。大人だって突然、想定外のことが起こった時、どこまで対応できる人がいるかといえば難しいと思います。

しかし、その子のお父さんは、「せめて声を出して助けを呼ぶなり、走ってその場から逃げられるようになってほしい。そのために子どもの心を鍛えることはできへんかと思い、武道の先生を探していたんですわ」というのです。

そうした経緯で、そのお父さんが武道の先生を探していた時期と、例のシャブ中のヤクザが商店街で無差別に暴れていた事件の時期が重なっていました。

このヤクザとの喧嘩の一件で、私が武道をやっていることが近所で知られることになり、当時、住んでいたマンションの1階にある喫茶店のマスターから、私の話を聞いて訪ねてこられたというのです。

私は「お聞きの通りヤクザと喧嘩してしまうような未熟者でして、まだまだ修行が足りないと思っており、人に教えることを仕事にしていませんので、どこか正式な空手道場に息子さんを入門させてはいかがでしょうか？」といって、近くの有名な空手道場をお勧めしたのですが、このお父さんの考え方は変わっていました。

「いやいや、だから師匠に頼んでいるんですよ。ワシは息子に空手を習わせるならヤクザと喧嘩するような人に教えてもらいたいんですわ！　頼みます！」と年下の私を「師匠」と呼びながら頭を下げるそのお父さんの人柄と我が子を想う熱い想いに圧倒されて、断りきれなくなってしまい、「では、公園で日曜日に自主トレしていますので、その時なら…」と言ってしまいました。

こうして、初めて自分の学んできた武道を他人に教えることになりました。

初めて武道を教えることになった少年と。

当時は、教えるといっても月謝をいただくことはせず、晴れた日は公園で空手の稽古をして、雨の日は家の中で、稽古用に服を縫い合わせて作ったダミー人形を使ってブラジリアン柔術の関節技やエスケープ（寝技からの脱出方法）を教えたりしていました。

公園でミットを持っていると、時には公園にいる子どもたちが「おっちゃん、オレにも蹴らせて！」と集まってきて、気が付くと、いつしか青空護身術教室になっていました。

子どもたちに指導していく中で、それまで学んだ技術が一つの体系としてまとまっていきました。それは、今まで自分自身が強くなることにしか興味がなかった私にとって、新たな発見でもありました。

躰全道

その後、息子に自閉症という障害があるとわかったことで、さらに環境が大きく変わることになりました。医者から、父親を含めて育児への早期の関わりが大切であると言われたこともあり、紆余曲折あって、当時勤めていた会社を辞めることにしました。

経済不況の中、勢い会社を辞めた私は、さすがに青空護身術教室を続けていけなくなり、解散を申し出ました。すると青空護身術教室のきっかけとなった子どものお父さんから「師匠！ちょうどええやないですか？　ワシら会費払うから道場やりましょうよ！」と言われました。予想外の展開に戸惑っていると「この際、道場を借りて本格的に武道を指導したら」と妻からも言われました。しかし、これまで武道を学ぶ側として、様々な道場でその運営に苦しむ諸先生方の姿を見てきているので、道場経営は採算が合わないと思い、当初は反対しました。

しかし「また同じような会社に就職するより、せっかく習いたい人もいるのだから、やってみてから考えたら」と再度、説得され、結局、周囲の要望に応えれる形で流れるままに道場の場所を借りました。

そして、様々な武道をやってきたことから「身体を使う全ての武道」という意味で「躰全道（たいぜんどう）」という名前で看板を掲げたのが、私の職業・武道家としての始まりでした。

自他護身の必要性

躰全道の道場を始めた当初は、徒手の武道や格闘技の技術に武器術を加えた護身術を指導していました。しかし、ある出来事をきっかけに途中から、そのスタイルが変化していきました。それには自閉症で知的障害のある息子の存在が大きく関わっています。自閉症とは、その文字から間違った解釈をされがちですが、いわゆる引きこもりや精神障害などではなく、脳の機能特性を含む神経発達症といわれており、人とのコミュニケーションが取りにくいなどの共通する部分はありますが、その特性には個人差があります。

そして、感情を上手にコントロールできないために、そのストレスからパニックとなり、自分を傷つける「自傷行為」や他者へ攻撃が向かってしまう「他傷行為」として現れる場合があることを知りました。

息子の場合も一時的に家庭内で突然叩いてきたり、物を投げたりすることがありました。こうしたパニックの際の対応について、当時、様々な福祉関係の書籍を調べたところ、パニック後になぜ、そのような行動を起こしたのかを分析する方法や、パニックが起きないように支援グッズを使って環境を調整する方法は書かれていましたが、実際にパニックが起こっているときについては「落ち着くまで見守る」または「落ち着く場所に移動させる」ということしか書いておらず、その具体的な手立てが書かれていませんでした。

そこで武道の技術を活用しようと考えたのですが、既存の武道や護身術の多くは「相手＝敵」という想定で体系が構成されているため、護身術の技としては相手の眼を突いたり、股間を蹴るなど急所を攻撃して回避したり、あとは投げて関節を極めて制圧するものが大半でしたので、当然ながら、そうした技を我が子に対して使用することはできません。

つまり既存の護身術をそのまま育児や福祉に応用することができなかったこともあり、私は育児の中で独自に模索しながら対応していくことになりました。その暗中模索の中でお互いに傷つかないように取っ組み合いながら対応していくうちに、息子の身体が整ったようで落ち着くようになり、パニックを起こさなくなったのです。

すると、その噂を聞いた大阪市立大学教授の堀智晴先生から、大学で講演してほしいという依頼を受けました。そして大学で話をしたところ、講演を聞いていた我が子のパニックに悩んでいる保護者の方から、私が息子にやっていた対応法を教えてほしいといわれました。同時に大人になってもパニックが治まらず、介護現場でヘルパーが大怪我をしていたり、そのことから虐待が起きたりして事件化しているケースがあることを知りました。

私は息子の臨床例だけで人に教えるのは不安であったこともあり、そこで障害のある人のパニック対応に困っている福祉や医療や教育現場でも使える技術を構築することはできないだろうか？と考えだしました。自ら介護士となり、実際の現場で検証をはじめたのです。

そのことがきっかけで、自分も護り、相手も護るという「自他護身」の理念が生まれ、それを実現するための新たなスタイルを構築することになったのです。

娘と息子と。息子のパニック行動への対応から、「自他護身」が生まれた。

AIを超えた先制防御の発想と護道構え

こうして介護現場と武道の道場で「自他護身」の技術研究をすることになったのですが、その中で克服しなければならない課題が大きく二つありました。

まずパニック時の行動に対する有効な手立てについてです。

殴る、蹴る、衣服を掴む、噛みつき、爪を立てての引っ掻き、目突き、指取り、急所への攻撃、身体をつねる、物投げ、物で叩いてくる、つば吐き、くしゃみ、糞尿を使った問題行動等々への対応は、試合形式の武道や格闘技では反則行為であり、想定外の行動であるため、ほとんど参考にならなかったのです。

例えば、柔道二段の介護士が、パニックを起こして暴れていた利用者の男性を落ち着かせようと袈裟固めで押さえたことがあったのですが、利用者の男性は押さえられていない手を使って介護士の後頭部を殴打して、力が緩んだ隙に髪の毛を掴んで引き倒して、逃れていたことがありました。

他にも、噛みつきがあるだけで相手の顔の前に身体をさらす格闘技や武道の組技や寝技は全て使えなくなります。さらに皮膚をつねる、指を取って曲げてくるなどの行動が加わると、競技化されている格闘技では使える技は、ほとんどありません。そして、爪を立てての引っ掻き行為をされると皮膚が裂けて流血することがあり、ある意味では刃物などの凶器と同じような警戒が必要でした。

また顔面へのつば吐きやくしゃみも、唾が目に入ると一瞬、視界が奪われてしまう状態になります。他にも辺りにあるものを持って振り回したり、投げつけてきたり、トイレから出てきて自身の便を投げてくるといった行動まであります。

実際に介護現場で、突然、長い断ち切りバサミを持って、その現場の施設長に向かって突っ込んできた利用者に対して、側面から手を押さえて誘導してハサミを取り上げたこともあります。そうしたことがあると、周囲に置くものも含めて考えるようになります。

まさに真のバーリトゥード（ポルトガル語で何でもあり）状態で、お互いに傷つかないように先手を取る技術が必要でした。

そうした現場経験の中で、昔喧嘩で身につけたある方法が有効であることに気付きました。

その喧嘩というのは当時、挑戦されて喧嘩をしたことがきっかけで仲良くなった空手二段のホストの若者に誘われて、その彼が学んでいた新空手の道場に見学に行った時のことでした。新空手とはグローブをつけて戦うキックボクシングに近いスタイルの打撃系格闘技で、通称「グローブ空手」と呼ばれています。

その道場ではコーチであるという年配の男性と3人の若い道場生が待っており、「R（若者の名前）から話は聞いてますよ！　グローブあるから選んでください」と言われて、到着したばかりなのに、いきなりスパーリングをさせられることになりました。

今なら絶対に断るのですが、当時の私はあまり深く考えずに言われるままにグローブとヘッドギアを着けました。

「とりあえず2分で！」とコーチに言われて、始めの号令がかかりました。

対戦相手は号令と共に勢いよく突っ込んできました。その動きに対して反射的に出したパンチが偶然、カウンターとなって決まり、そのダメージで相手の動きが鈍くなり、後は流すような感じで2分間が終わりました。

すると別の道場生が「オッス！　お願いします」といって交代されました。「あれ？　これって3人と総当たり？」と思いながらも何とか2人目とのスパーも終了。しかし休む間もなく、「やっと主役やで～」と言ってニヤニヤしながら、背の高い若者が前へ出てきました。

そして、開始早々に強烈なミドルキックが飛んできてビックリしました。最初の2人の動きとは格段に違っていたからです。

「これはキツイな」と感じた私は距離を取って、スパーリングの2分間をやり過ごそうと考えました。すると相手は段々ムキになってきて「オラッ！　逃げんなや！」と喧嘩腰で攻撃してきました。

そうこうしているうちに2分はとっくに過ぎているはずなのにタイマーが鳴らず、この時になって様子がおかしいことに気付きました。

そして、ついに逃げ切れず道場の端に追い詰められた時、私は咄嗟に相手のグローブを押さえながら前に出て密着し、相手のグローブを左腕と身体を使って挟みこみ、側面から抱き着いていました。

相手はその状態から頭突きをしてこようとしたので、これは喧嘩だと感じて、両腕を左腕で押さえたまま、背中側に回していた右腕を瞬間的に離してグローブをはめていない腕刀の部分を使い、相手の延髄をガンガン叩きました。

相手はその攻撃を嫌がって逃げようとしましたが、私も必死で相手の腕を掴みながら腕刀による延髄打ちを繰り返すと、相手が膝をついてダウンしました。

すると、ようやくコーチの男性が「やめ！」といい、奇妙なスパーリングから解放されました。コーチは頭を下げながら「今日は道場破りにあってもうたわ。参りました。押忍！」と言われて、よくわからないまま、私は道場を後にしました。

外に出ると道場の場所を紹介してくれた若者が追いかけてきて、謝りだしました。

実は彼が以前、私と喧嘩して敗れた話を道場でしたところ、道場の先輩から「そのオッサンを道場に連れてこいや！」と言われて断り切れなくなったそうでした。また私が最後に対戦した背の高い若者は、空手のトーナメントで準優勝した経験があるプロを目指している選手だったようです。

結局、この時は自他護身を意識するずっと前の話なので、内容的には単なる喧嘩に過ぎませんが、苦し紛れに相手のグローブを押さえて抱え込んだことで攻撃を防ぐことができた経験を思い出し、ハッと閃くものがありました。

それは、ちょうどグレイシー柔術の選手が間合いを外して下半身のタックルへいくように、打撃に付き合わず、上手く間合いを潰して先に攻撃武器となる腕を封じたら、複雑な受け技は必要なくなるのではないか？と思ったのです。それは奇しくも武道の共通点を見いだし、護身のルールに引き込む武術を考えていたことにも繋がっていました。

従来の武道では相手の攻撃を受けながら反撃する「防御反撃」と、その逆に攻撃を先に当てる「先制攻撃」の二つが主流で、あとは防御と同時に攻撃をしているという「攻防一体」という考えがありますが、それらは全て相手を攻撃（または反撃）することが前提条件のため、自分も相手の攻撃エリア内にいなければならないというリスクが付きまといます。

しかし、お互いの身を護ることを主体として考えた時、相手を倒す必要性がないため、相手の攻撃エリアに入るリスクはなく、攻撃武器だけを先に封じる新たな戦略を作れば安全性が高まるのではないか？と気付いたのです。私はそれを「先制防御」と名付けました。

さらに、その「先制防御」のための術理を構築していく中で、介護現場でのパニックの際に相手に必要以上にプレッシャーをかけずに済む方法として、工事現場のストップの標識を見て閃いたのが「護道構え」でした。

「ちょっと待って！」という意思をポーズで示すことは、言語での説得が難しい発達障害の子どもたちにも伝わりやすく、それだけでパニックが治まることがあることは息子との育児の経験からも気付いたのです。

それで治まらずにお互いに危険性がある場合は、攻撃手段となる手に触れて動きを封じて抱きかかえてしまう対応を思いつき、さらに研究を重ねて、護道構えによる先制防御の技術体系

NHK WORLD - JAPAN「Face To Face」に出演（2019年）。右はアメリカ出身の日本文学者、ロバート・キャンベル氏。

を構築していきました。

こうして、護道を活用したパニック時の誘導法である「支援介助法」を生み出したことで、福祉や教育現場での支援に活かしていただけるようになり、世界的にも確立されたパニック時の誘導法がなかったことからイタリアのボローニャ大学のオンラインジャーナルにレポート記事が掲載されることになり、ＮＨＫ国際放送局でも活動が取り上げられて世界１６０カ国に紹介していただくことになりました。

そんな「護道構え」ですが、私が最初の発想を得てから約20年後になって、最先端医療の研究所にあるＡＩ（スーパーコンピューター）が自閉症児のパニック時に落ち着かせるための最適解としてはじき出したピクトグラムが、まさに護道構えそのものであったことを知りました。

つまり、ＡＩよりも20年早く最適解を出していたことになります。パニックが起こる状態を何とかしたいという願いと、その原点となった我が子への愛情がＡＩを超える結果を導きだしてくれたのかもしれません。

達人技の解明

そして、もう一つ介護現場において大きな課題がありました。それは強度行動障害のある方々がパニック時に凄い力を発揮される時があり、その発揮する力をどうやって誘導するか？ということでした。

特に家庭内でのパニックにおいては、母親が我が子と対峙する場面が多々あります。言い換えれば、年配の女性が、体格差もある若い男性から攻撃を受けた際にお互いに傷つかないようにしながら、身を護らないといけないのです。

これは護身術としても、とても高いハードルであり、その差を埋めるには達人の技術が必要であると感じました。

そこで様々な武道の達人の研究をはじめたのですが、当初は全く見当がつかない状態でした。しかし、偶然にも障害の理解に役立てばと思い、催眠心理学や脳科学の知識を調べていたことが武道の達人の技術を理解することに繋がっていったのです。

例えば大脳には、新皮質（思考・言語）、辺縁系（イメージ）、大脳基底核（身体運動）の三つの要素があります。人間は新皮質を使うことで脳が肥大化し、人として社会を構築してきましたが、身体運動を司る大脳基底核は一番奥にあることから、身体運動に関しては思考や言語（新皮質）のアプローチよりもイメージ（辺縁系）を用いるほうが、遥かに身体が反応することがわかっています。

また人間が四肢動物であった頃の名残を活用して、手や足の形を変えることで全身をまとめて活用することができるのですが、この方法は霊術などで古くから行われていました。さらにイメージを活用した方法は、合気道の創始者・植芝盛平先生の弟子であった藤平光一先生や、大東流合気柔術の名人・佐川幸義先生の弟子であった吉丸慶雪先生をはじめ、多くの武術家の方々が、共通の原理として活用されていることに気付くこともできました。

この自己の能力を高めて合理的に身体を活用する方法を道場では「錬成力」と呼んでおり、支援の際の方法として使っていました。

しかし、それだけでは体格差のある相手との力の差を埋めることは、福祉の現場においては不十分でした。

なぜなら、強度行動障害の方々がパニックになった際に発揮する力は、いわゆる「火事場のバカ力」であり、すでに既存の武術が行っているイメージを用いた力と同等か、時にはそれ以上の力を使用されていたからです。

大東流合気柔術・中興の祖、武田惣角。

錬成力の力の元は自分の身体ですから、活用できる資源は限られています。すると相手との力の差を埋めるために残された方法は、相手に力を出させない方法をとることしかありません。

身長約150センチという小柄な体格であっ

た大東流合気柔術の達人・武田惣角先生の逸話を知る度に、仮に武田先生がマッチョで強い力を発揮できたとしても、それだけでは体格差を埋めるには限界があるので、きっと相手の力を封じる何らかの技術があるはずだと考え続けていました。それが武術の奥義といわれている「合気」や「無想」などの状態に通じているのではないか？と考えたのです。

そんなある日、自宅で風呂に入っている時に、パッと閃いた方法が不覚筋動（本人が無意識のうちに筋肉が動いてしまう作用）の活用でした。

つまり、それまでは自分の脳と身体を変化させることにフォーカスしていましたが、相手の脳と身体を変化させることで力のバランスを取る方法を開発したのです。このことにより、自他護身の技術が格段に進歩しました。それは介護の現場で活用できただけでなく、実際の護身でも役立てることができたのです。

護道の術理解説

一体化と立坐臥動

接触点から相手の中にイメージをおくことで相手に悟られないほどの微振動を伝えて、先に力の出所を止めて１００％の力を発揮させない不覚筋動の活用に加えて、重心の操作、呼吸、意識誘導など相手の脳と身体を変えることでバランスを取る方法を、護道では「一体化」と呼んでいます。

そして、一体化した相手とは外見上は拮抗状態になり、相手は力を込めて固まっていますが、力をコントロールしているこちらにはゆとりがありますので、一体化した相手と重心を繋げた合成重心を動かすことで容易に相手を動かすことができるようになります。

さらに、その先に武術の奥義に通じる脳波を変える技法があるのですが、ここではまず、一体化までの鍛錬を兼ねた検証方法を紹介しておきます。

護道では立位・坐位・臥位の状態で安定をとることを基本修練としています。その三つの姿勢で一体化ができるようになると、そこに動きを加えていきます。これらの稽古方法を「立坐（りつざ）臥動（がどう）」と呼んでいます。

「立坐臥動」の検証では護道構えを取りながら行い、潜在意識に力をまとめて使えるようにアンカリング（定着させる）します。そのことで護道構えをトリガー（力の発動のきっかけ）として、力を発揮するための手順をショートカットし、すぐに強い力が発揮できるようにしています。

一体化・不覚筋動の活用

「一体化」は「相手の脳と身体を変える」ことで相手に力を発揮させせず、自他を繋いで相手を自身の身体の一部として誘導する技術。この要素にも、四つのキーワードがある。

①一つ目は「重心操作」。身体はいきなり動かそうとしても動かないが、②小指から軽く触れながら握ることで相手に気付かれずに重心移動を行ってから引っ張って体重移動を行うと動かすことができるように、相手の重心をコントロールすること。
③二つ目は「呼吸」。ここでは呼吸の吐き終わりに動作を合わせる。例えば、座った状態で柔道四つに組んだ際に相手に何か言葉を発してもらい、④その言葉の終わり（呼吸の吐き終わり）に動かすと崩すことができる。
⑤三つ目は「不覚筋動の活用」。例えば、腕を下げられそうなときに、相手の肩の軸にネジがあり、大きなドライバーでネジを締めて相手の腕が下がらなくなったとイメージすると、⑥不覚筋動（※）の原理によって相手の身体に微振動を与えることができ、相手が接触した手の部分に力を発揮するよりも先に肩の部分で相手の力を止めることができる。
※不覚筋動…本人が無意識のうちに筋肉が動いてしまう作用。

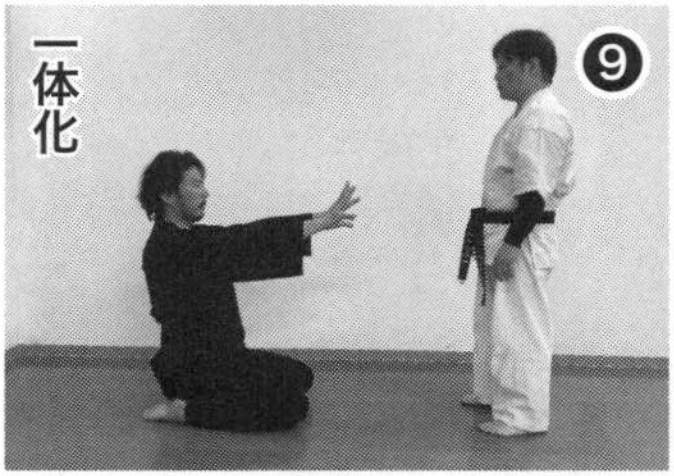

⑦四つ目は「意識誘導」。例えば、両肩を押さえられた状態で相手を左に回して動かす場合、相手の右手側に左手で右向きにプレッシャーをかける。そのことで相手は左向きに抵抗する意識が働く。⑧それを利用して、相手の左腕に右手で左向きのベクトルを加えて誘導する。こうした、意識を向けた方向に反応する人の特性を利用する方法。

以上が、相手の脳と身体を変える、四つのキーワードだが、これらの原理をまとめて使ったときの総称を「一体化」と呼んでいる。
⑨例えば、まず護道構えを取ってから、相手に両肩を前から押さえてもらい、こちらは軽く手を添える。
⑩手を添えてから相手の足先までの力を止めるイメージを使って一体化して、中丹田から臍下丹田に呼吸を落とすイメージで、息を吐く。このことで相手との呼吸が合わさる。
⑪動かす方向と逆の方向へ意識を向けるように働きかけることで、相手の意識がそちらに反応して抵抗する反応が遅れる。⑫力を込めて固まっている相手と違い、こちらの身体には遊びがあるので、それを使って相手の重心を捉えた感覚をキープしながら崩点へ誘導して崩す。

無意識化に向けた鍛錬「立坐臥動」

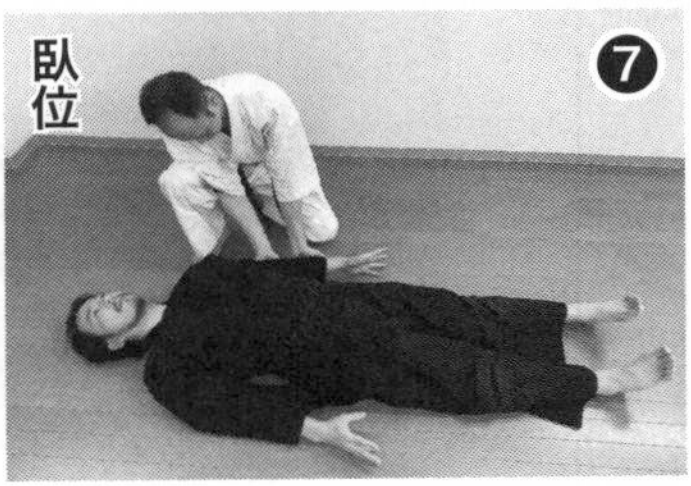

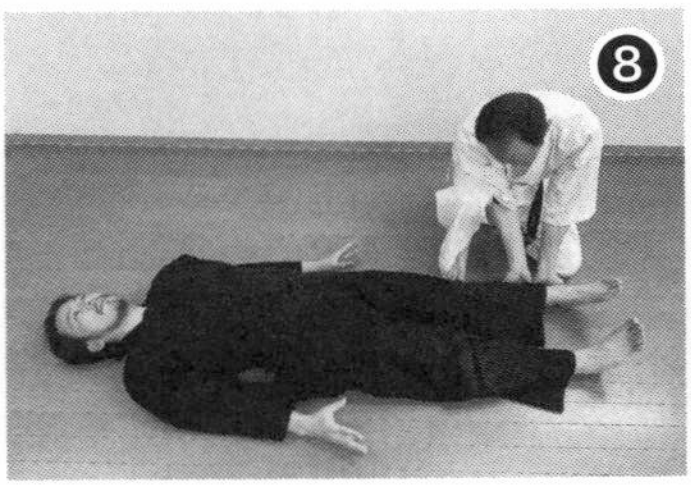

「立坐臥動（りつざがどう）」とは、立位（立っている状態）・坐位（坐っている状態）・臥位（寝ている状態）・動作（歩く・方向転換）を意味しており、その状態で「錬成力」と「一体化」の感覚を養うための稽古である。

また、同時にきちんと感覚が養われているかを確認するための検証を兼ねている。この検証を繰り返しながら無意識に力が発揮できるように定着させていく。
①立位で横から押し負けない。②前方から押し負けない。③後方から押し負けない。④坐位で横から押し負けない。⑤前方から押し負けない。⑥膝を持ち上げられない。⑦臥位で腕を持ち上げられない。⑧脚を持ち上げられない。⑨〜⑩立位で前方で押さえられても前進する。⑪〜⑫両肩を前方から押さえられても向きを変える。⑬〜⑭両肩を後方から押さえられても向きを変える。これらは基本であり、他にも検証のバリエーションがある。

⑨

⑩

⑪

⑫

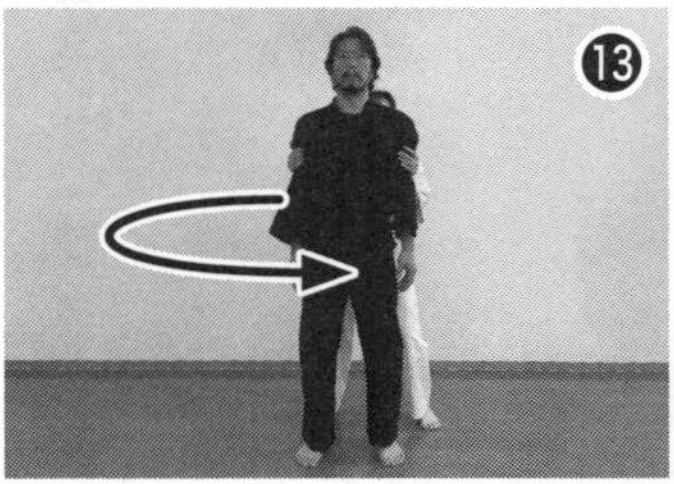
⑬

⑭

窃盗犯との遭遇と護道の誕生

それは深夜に駅前のコンビニで買い物をした帰り道でのこと。

道を歩いていると女性の悲鳴が聞こえました。振り返って見ると、バックを持った男性がこちらに向かって走ってきていました。それを見て私は直感的に「ひったくり」ではないか？と感じて、相手に向かって走っていきました。

「誰か！　助けて！」

その途中で犯人の背後から追いついた男性が、一度、犯人を捕まえて共に路上に倒れ込みました。しかし、犯人は激しく抵抗して起き上がってきたので、私は側面から腕を封じつつ、傍にいた男性に１１０番通報をお願いしました。

そして、犯人を仰向けに崩して片膝を腹部に当てた状態から馬乗りになって両手を封じて制圧しました。この辺りの流れは、まだ総合格闘技の技術が残っていました。

ただ、相手の力を封じていたのは「一体化」の技法でした。

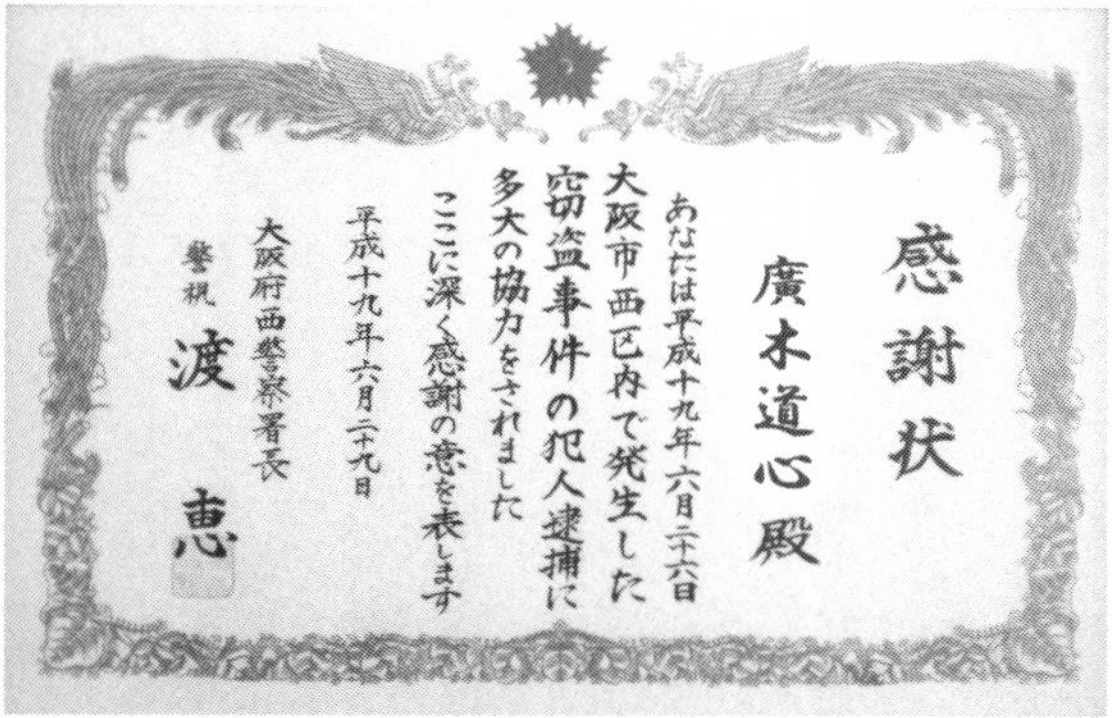

窃盗犯を取り押さえ、警察署から受け取った感謝状。

犯人は「逃げへんから離してくれ！」「もし犯人と違ってたらどないすんねん！」と言いながら抵抗していましたが、「警察が来たら話を聞くから」と返して犯人を確保した状態を維持し、その後、パトカーで駆けつけてきた警察官に引き渡しました。

気が付くと犯人は汗だくの状態でした。どうやら全力を出しきったようで立ち上がることができず、警察官が2人がかりで路上から担ぎ上げてパトカーの後部座席へ押し込んでいました。

それほどまでに相手が必死で抵抗してきていたにもかかわらず、私は全く相手の力を感じることなく押さえることができました。

この自他護身の理念を実戦で体現することができた出来事は、新聞やニュースでも報道されて警察から感謝状までいただきました。

感謝状をいただいた後、ふと昔のことを思い出し、「相手を殴って身を護ったら怒られるけど、自他護身で解決したらお咎めがなく、感謝されることがあるんやな…」と思うと何だか妙な気分になりました。

躰全道として道場を始めてからは、住吉武道館で開催された日本国際武道連盟各種公開演武大会で最優秀演武賞をいただき、スイスの武道団体からの要望でジュネーブにてヨーロッパセミナーを開催して、参加していた警察や軍隊関係者に技術指導を行い、国内でも『最強格闘技図鑑真伝』（松宮康生、ぶんか社）という書籍で最強格闘家20人の1人として掲載されたことで、徐々に武道の業界で認知されるようになっていました。

しかし、達人技の研究と介護現場での検証を通じた自他護身の技術が進むにつれて、やっていることが、もはや総合格闘技でも単なる護身術でもないことを感じ始めていました。

そんな時「これからは護道と名乗りなさい」と白髪の老人に言われる夢をみて、これは潜在意識からのメッセージだと感じた私は、思い切って名称を「護道」に変更しました。

スイスのジュネーブで行った、躰全道のセミナー参加者と。

現地の警察や軍隊関係者に技術指導をした。

護道

第8章

脳波コントロールで極意へ

INTERNATIONAL GODO FED…
国際護道連盟

極意開眼

躰全道から護道になってからは、ますます達人技の研究と、その要素を活かした自他護身の技の稽古を行い、介護現場や稀に遭遇する街中のトラブルにおいて技の検証をする日々が続きました。

また同時に全国各地の学校や福祉施設から依頼を受けて、護道の技術を活用したパニック時の誘導法である支援介助法のセミナーを行う機会が増えていきました。

そして「一体化を超える技術がないだろうか？」と模索している時、不思議な体験をすることがありました。

その当時、週2日は徹夜状態でグループホームの夜勤をしており、そのまま寝ずに専門学校で講師として働き、夕方からガイドヘルパー業務を行っていました。介護士になってからは複数の仕事を掛け持ちしなければ生活できなかったからです。そのことで慢性的な睡眠不足の状態になっていました。

そして、グループホームでの夜勤明けのある日、帰宅後に過労と熱中症のために救急車で搬送されることになりました。その時、身体が熱くて呼吸が苦しい状態で、まず目が開けられなくなり、次に声が出せなくなり、次第に身体の皮膚感覚がなくなっていきました。しかし、ずっと耳だけは聞こえていました。

そして、意識不明となり、その間、本当に三途の川の夢を見ていました。

次に私が気付くと病院のベッドの上にいて腕に点滴が付けられており、身体はアイスノンで覆われていましたが、その時、身体が空気に溶けているような感じで、感覚が戻ってくるまでの間、周囲との境目がわからない状態でした。

その体験があってから技の感覚が変わりました。具体的には錬成力や一体化などを全く考えなくても、動けばその効果が出せるようになっていたのです。

しかも、以前よりも技がスーッと相手に入っていくような感じがして、実際に技を受けた道場生に聞いても「スコーンと力が通るような感じがします」と言われました。

また、強度行動障害のある方々のパニック時に抱きかかえながら落ち着かせていると、相手が眠ることが多くなりましたが、その理由はずっとわからないままでした。そんなときに、日本のビジョントレーニングの第一人者である北出勝也先生と、同じくビジョントレーナー兼メ

脳波の区分（目安）

1	β波（15～26Hz）	緊張や不安、イライラしている時の大脳の活動状態を示す脳波。
2	ファストα波（12～14Hz）	緊張した意識集中状態で、あまりゆとりのない時の脳波。
	ミッドα波（9～11Hz）	緊張のないリラックス状態で、意識が集中しており、頭が冴えている。
	スローα波（7～8Hz）	休息する方向に集中し、意識が低下しボーッとしている。
3	θ波（4～6Hz）	浅い睡眠状態で、意識はかなり低下している。
4	δ波（0.4～3Hz）	深い睡眠状態で発生し、意識は全くない。

ンタルトレーナーである横田幹雄先生から脳波測定のお誘いをいただく機会がありました。

そこで行った実験の中で、お互いに座った状態で崩されないように耐えている相手に私が技をかけて崩した際の両者の脳波を計測した時に、面白いことがわかったのです。

脳波には、γ（ガンマ）波（意識・通常行動：27Hz以上）、β（ベータ）波（意識・思考活動・消極的感情時にも発生・15〜26Hz）、α（アルファ）波（半意識・リラックス・集中：7〜14Hz）、θ（シータ）波（半意識・まどろみ：4〜6Hz）、δ（デルタ）波（無意識・睡眠：0・4〜3Hz）があることが知られています。

その中で、身体をスムーズに活用するにはα波の状態が良いといわれています。

さらにα波にはスローα波（無念・夢想の意識、瞑想時のような深いリラックス状態：7〜8Hz）、ミッドα波（リラックスした意識集中状態：9〜11Hz）、ファストα波（緊張した意識集中状態でゆとりがない：12〜14Hz）の3種類があり、高いパフォーマンス能力を発揮するのであればミッドα波の状態がベストであるといわれていました。

実際に、私が相手に技をかけている際の脳波もミッドα波でした。

そこまでは理解できると思うのですが、不思議なことに技をかけられた相手の脳波も直前にミッドα波に変化して、同じ波形を現していたのです。

脳科学者で工学博士の志賀一雄先生の研究によると、強いα波（低い周波数）を発する人の傍にいると同調してα波になることがわかっているようですが、そこで疑問を感じました。

もし相手も同じく高いパフォーマンスを発揮できるα波になっているのであれば、相手は崩れずに堪えることができるはずなのに、実際には簡単に崩れているのはなぜか？と思ったのです。

すると横田先生から、意外な答えが返ってきました。

大東流合気柔術・佐川幸義先生の神技。

「考えられるとしたら、相手は耐えることに能力を使うのではなく、自ら倒れるパフォーマンスに使っているのかもしれないですね」と言われたのです。

つまり、相手は顕在意識では耐えようと考えているのに潜在意識では倒れることに協力している……。要するに、自ら倒れているかもしれないということです。

同じく技を体験した合気道経験者でもある北出先生からは「投げ飛ばされた時に、これは透明な力（大東流合気柔術の達人である佐川幸義先生の合気の力を表した表現）だと思いました」という感想をいただきました。実際に佐川先生の技と同一のものかはわかりませんが、少なくとも「スコーン！」と力が通る技は、こうした脳波の現象が関係していることはわかったのです。

さらに「抱きかかえ」を行っている際の脳波を調べたところ、相手が抵抗し続けていると私の脳波はミッドα波からスローα波へと変化し、相手の周波数も同じように抑えられていき、θ波になっていきました。そして、相手は抵抗しているようですが、こちらは軽く押さえていられる状態になった時に脳波計を見ていた横田先生からは「相手は抵抗しているつもりですが、脳波的には8割寝ている状態ですね」と言われたのです。

それを聞いて、障害のある人たちが眠ってしまう原因がわかりました。つまり、相手をリラックスさせて心身を弛め、睡眠状態へと誘導していたということです。

また、その際の私の脳波の周波数は7・8 Hzでした。7・8 Hzは人が睡眠と覚醒の境目にある時の脳波であり、同時に地球を取り巻くバンアレン帯のプラズマ振動であるシューマン共振(共鳴)と同じ周波数だとお聞きしました。

自他を繋げることで技がかかる状態が、同時に地球が発する周波数と同じあることは興味深く、このことは格闘技や護身の発想から生まれた制圧術と護道の誘導法が全く違う発想からきていることが関係していると感じました。

しかし、こうした脳波の状態がわかっても、この状態をなかなか人に伝えることができずにいました。

なぜなら、技ができる時に「何を考えて技をかけているのですか？」と聞かれても「何も考えていません。ただ動いただけです」というしかなく、「脳波はどうやったら切り替わるのですか？」と聞かれても根拠なく切り替わると信じているだけなので説明がつかず、伝達のための手掛かりが何もなかったからです。

例えば普段、歩いている時に「なぜ、歩けるのですか？」と言われても、歩くことは幼少時に何度も転びながらも繰り返して、自然と感覚を身につけた人が多いと思いますから説明に困るのではないでしょうか？

だからといって「生命が危機的な状態になると顕在意識が引っ込んで潜在意識が浮かび上がり、その際に脳波が変化した可能性があるので、一度、死にかけて戻ってきてください」というわけにもいかず、困っていました。

首を絞められた状態からの崩し

後ろから首を絞められた場合。こちらの脳波が 7.8Hz 付近になると相手と共鳴し、相手は抵抗できずに投げられる。錬成力＋一体化を無意識化して、脳波を切り替えると「動けば即、技」となる。

脳波移し

困った時の神頼みではないのですが、大阪にある住吉大社で参拝した時、普段なら神社仏閣で願いごとをしないのになぜか「武術的な悟りを得る経験ができますように。あとは神様にお任せいたします」と言って手を合わせたことがありました。

すると、その晩から原因不明の高熱が出て入院する羽目になったのです。

40度近い熱は16日間続き、口からの食事や水分補給ができなくなり、点滴を付けた状態で2週間過ごし、解熱剤も効かず、咳が止まらないこともあり、ほぼ眠れない状態になりました。

この断食・断飲・断眠状態によって体重が短期間に5キロも痩せていました。

かなり重篤な状態だったようで医者も手立てがなく困っていましたが、そんな中で私は以前の過労と熱中症の時と同じく、再び身体が空間に溶け込むような体験をしました。

その入院の間に「脳波が相手に移ってα波になっているということは、脳波が変わった相手も同じように変わっている間は技を使えるのではないか？」と閃いたのです。

結局、3週間後に退院しましたが、整体師の先生からは「筋肉が落ちているので、元の状態に回復するまで半年はかかりますよ」と言われていました。しかし、そんな状態の中で稽古すると不思議なことに以前よりも技のキレが増していました。

そして、相手と拮抗して技が上手くかけられない道場生に対して、脳波を移すことを心掛けつつその道場生の腕にポンと軽く触れてから、再び道場生同士で組み合ってもらうと、手を触れた道場生は先ほどできなかった技が簡単にできるようになっていたのです。

これには技をかけた道場生も、技をかけられた道場生も、私自身も、その効果に驚きました。

そこで、この方法を「脳波移し」と呼ぶことにしました。

脳波移しの後で、道場生に技の感想を聞くと「確かに技をかける時に何も考えてないですね」といい、別の道場生が「だから無の境地っていうのかも」と言って笑い出し、ようやく道場生たちの共感を得ることに成功しました。

この時になって、神社で願い事をしたことで潜在意識が作動して、ワザと熱を出して身体を追い込むことで、このことに気付かせようとしたのではないか？と感じました。

脳波移し（片腕を両手で掴まれた際の合気崩し）

①片腕を両手でガッチリ押さえられた状態で腕を下げようとしても、腕力差があると動かすことができない。
②著者が両手の拳に手を触れて「脳波移し」を行う。実際には、脳波は空間を挟んで変化しているため、このような儀式的な動作を行わなくても変化させることができる。

③〜⑦「脳波移し」を行ったあとは先ほどとは違い、腕を動かして相手を崩すことができるようになる。古来から武術の達人が使っていた「合気」や「無想」、密教の「霊波」などの、いわゆる「氣」が入った状態は、こうした脳波が変化することに関係した現象ではないかと推測している。

人と宇宙を繋ぐシューマン共鳴

「脳波移し」のヒラメキがあってから、再度、2年ぶりに脳波測定を行うことになりました。当日は大東市にあるビジョントレーニングスタジオにて、測定者の横田先生と被験者として北出先生、福祉事業所で施設長をされている上田さんにお越しいただきました。そして、今回は息子も連れて行き、脳波測定を行いました。

まず、全員の平常時の脳波を測定した後、「脳波移し」を行い、再度、測定しました。すると、驚きの結果を得ることができました。

まず私自身の脳波が以前にも増して右脳の周波数が抑えられており、平常時からスローα波の状態であり、シューマン共振（共鳴）を示す7・8Hzが多く見られました。

それから参加者全員の平常時の脳波を測り、最初に片足を両手で押さえ込まれた状態で相手を投げ飛ばす検証を行うと、全員動かすことができませんでした。しかし、軽く相手の拳に触れながら「脳波移し」を行った後は、全員が簡単に相手を転がすことができていました。

そして、脳波を測定してみると、全員の脳波が低い周波数になっていることがわかりました。その後も「氣を入れる」イメージを行うと技がかかり、「氣を抜く」イメージをすると技がかからなくなる実演や、無言でイメージだけを送る方法で測定しました。

そこでわかったことは「軽く相手の拳に触れる儀式」や「氣を入れる」や「氣を抜く」などの合図は関係なく、空間を通じてすでに脳波の周波数が低い状態へ同調しているということでした。

つまり、私が脳波を無の状態に切り替えた瞬間に周囲の人も影響を受けているので、力が入ったり、力が抜けたりというのは脳波の状態を戻しているのでなく、ずっと変わった状態のまま、相手が協力している状態だったのです。

また無言で触れずにイメージを伝える測定で、私が相手を様々な方向から押すというイメージをしていたら、相手の脳波に強い緊張を示す波形が現れていました。このことからも、人間は相手の意識を感知する能力があることがわかりました。良くも悪くも、傍にいる人の影響を受けるということです。

昔の武術の世界では、師匠と弟子が寝食を共にして修行に打ち込む内弟子制度がありました

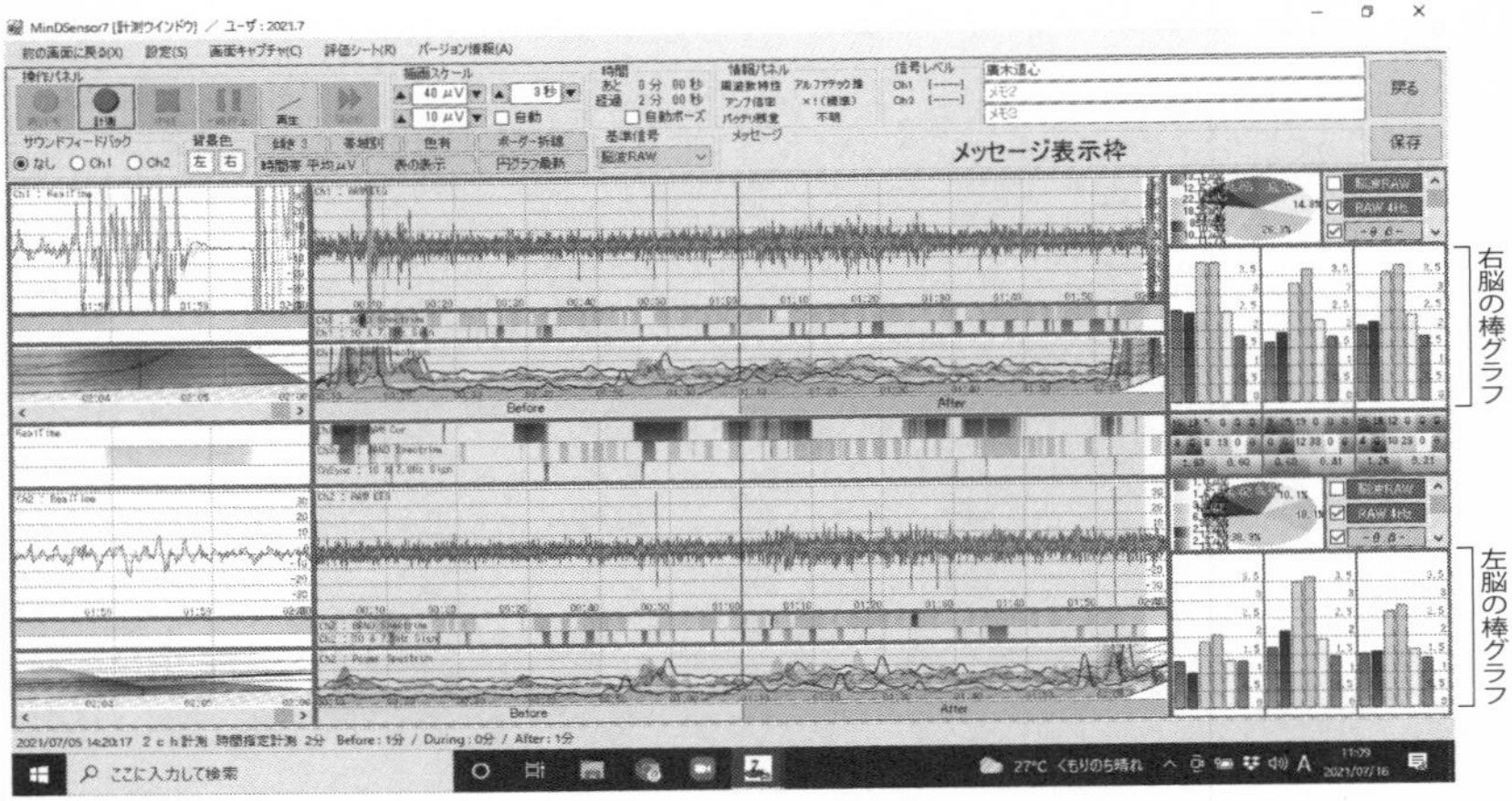

◎廣木道心（著者）の脳波

気持ちの動揺や意識のブレがない典型的なアスリート脳。しかも右脳のミッドα波〜θ波が非常に強い。イメージ力、想像力が高く、潜在意識のエネルギー量が大きいと考えられる。

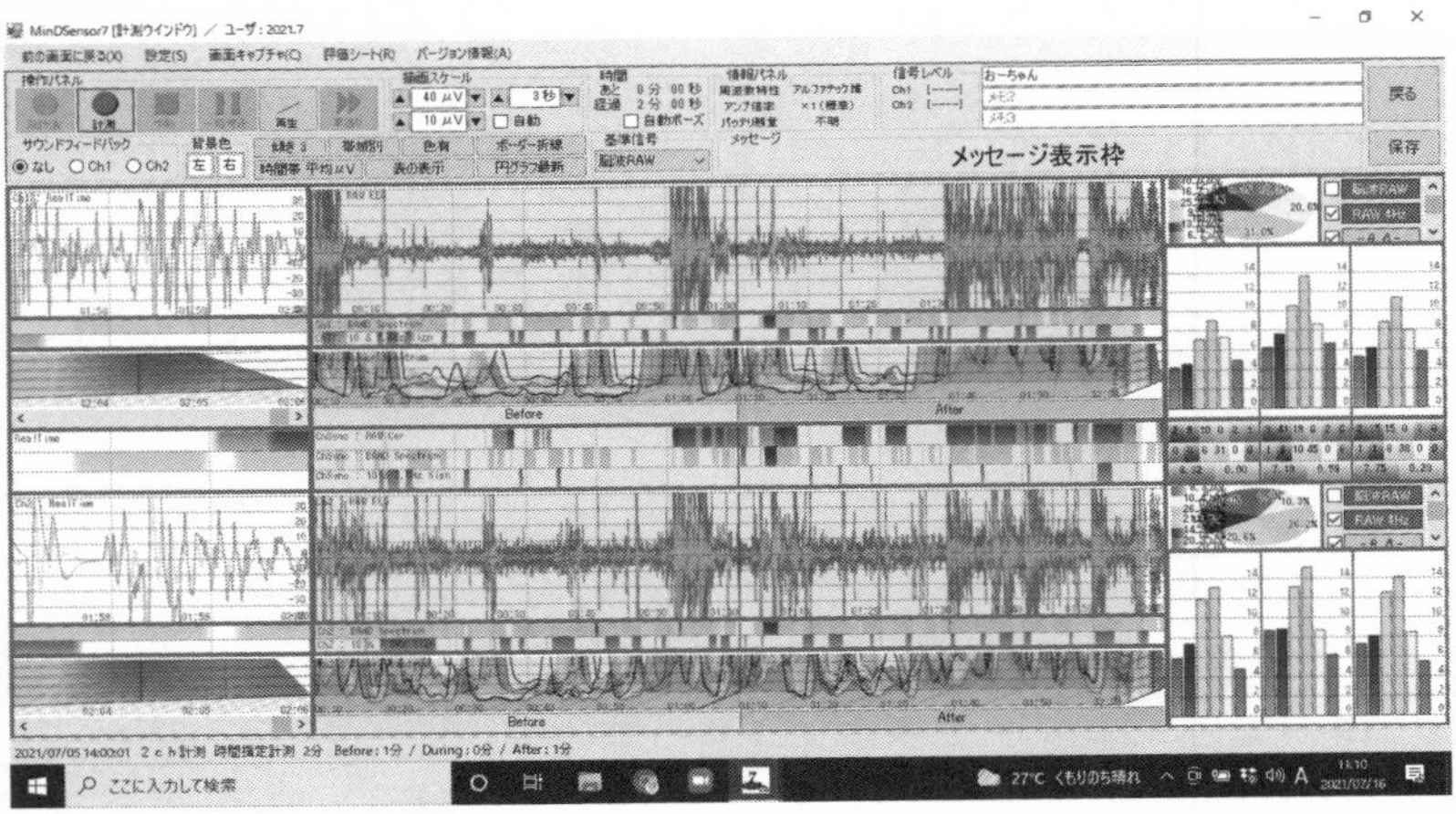

◎廣木旺我（息子）の脳波

脳波の波は変動があるように見えるが、全体の棒グラフで見ると非常に安定している。α波が中心エネルギー帯となっていて、不安、緊張、恐れ、焦燥感を表すβ波が一番低い。

分析コメントは、メンタルトレーナーの横田幹雄先生による。
各グラフの上部は右脳、下部は左脳を示している（左頁下図は除く）。棒グラフが全体的な脳波の種類を表す。棒グラフの各６本は、右にいくほど高い周波数で左にいくほど低い周波数である。つまり一番右がβ波で、一番左がθ波。その間はα波を４段階で示している。

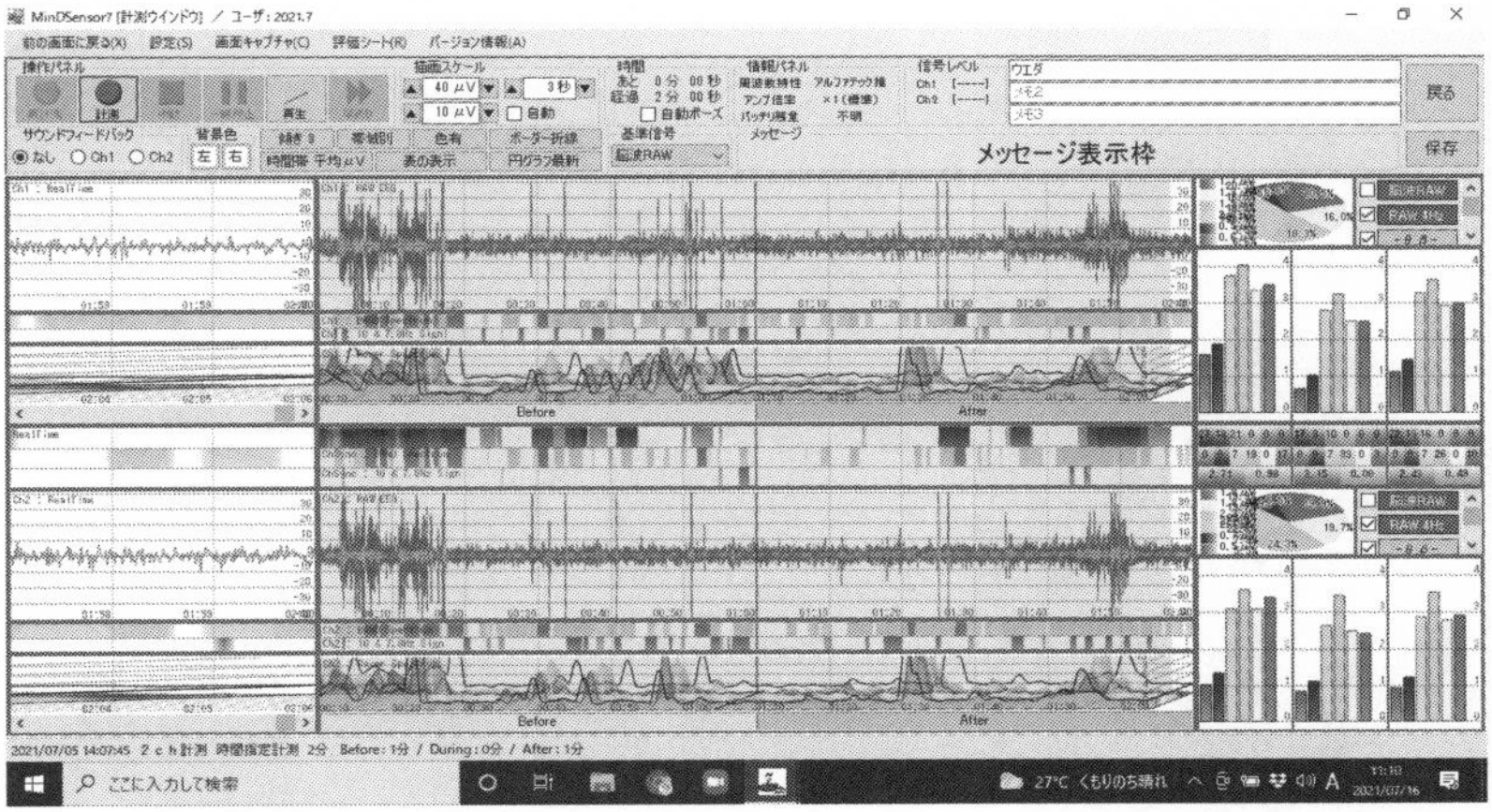

◎上田氏（福祉施設長）の脳波

右脳、左脳共に不安定で、全体的にβ波エネルギーが高い。日常的にストレスを感じていると考えられる。ただ、α波も高いため、β波を抑えられればパフォーマンスは上がるだろう。

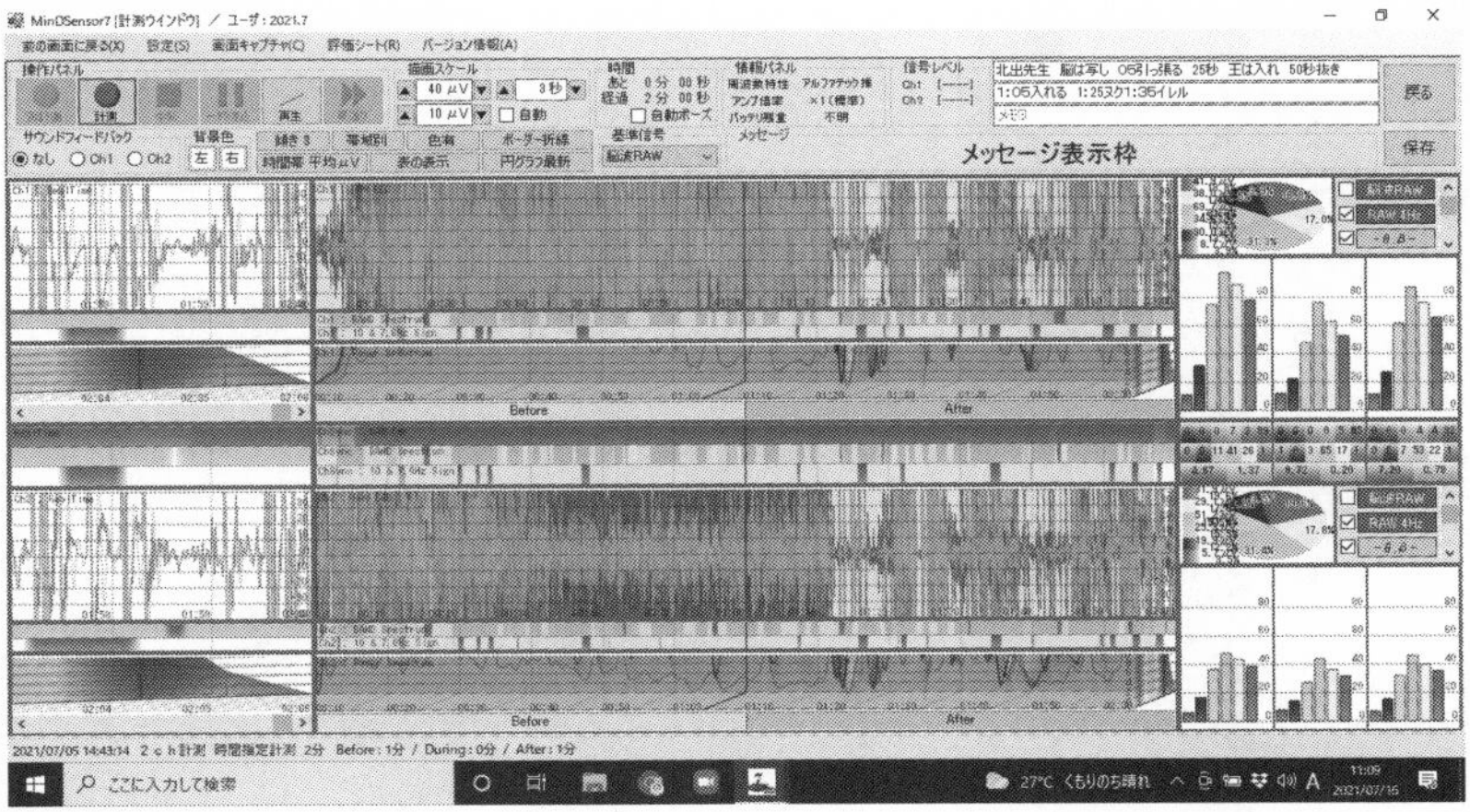

◎相手に念を入れる、抜く

廣木氏（著者）が北出氏（ビジョントレーナー）に対し、念を入れたり抜いたりした際の脳波。上部が北出氏、下部が廣木氏のグラフで、ほぼすべての時間帯でコヒーレンス（同調）している。術者が思うままに脳波をコントロールできるのではないか。

が、あれは師の技を間近で見て盗むということだけでなく、傍にいることで師の脳波が移ることを体験的に理解していたのではないかとも感じました。

これらの脳波を変化させる現象を活用したものが武術でいう「氣」や「合気」や「無想」の状態であり、密教でいう「霊波」なのではないか?と感じました。もしかしたら阿闍梨（あじゃり）の千日回峰行は、こうした限界を超えた感覚を体験するためにやっておられるのかもしれません。

ただ「脳波移し」を稽古で使っていくうちに、ある問題点にも気付きました。それは、せっかく「脳波移し」でα波（ミッドα波・スローα波）に変わって技が再現できるようになっても、その状態を「再現しよう」というような作為が入った瞬間にファストα波やβ波になってしまい、再びできない状態に戻る人がいることでした。

「脳波移し」によって目指すべき状態を体験させられるということは画期的な教授方法であると感じましたが、それを定着させるにはもう一工夫が必要でした。

そこで編み出した護道の体系は、下記の手順を踏んで定着させることでした。

1. 自己の調和：自身の心身を変える（イメージによる身体の連動を活かした錬成力）

2. 他者との調和：相手の心身と繋がる（不覚筋動による一体化）

3. 自他との調和：1と2の段階をショートカットさせる（稽古でアンカリングした力をトリガー〈護道構え〉で引き出せるように潜在意識へ刷り込む）

4. 空間との調和：脳波を変える（無意識化された状態になると心身がリラックスし、空間を通じて自他の脳波を変えることができる）

もちろん、この手順を踏んでも習得には個人差があり、身につけるまでには時間がかかるかもしれません。

しかし、この体系ができたことで、今まで達人にしか使えなかった技を誰もが身につけられる道筋ができ、介護技術としても武術としても、護道は新たなステージへと進むことになったのです。

護道の自他護身術「繋ぐ・包む・導く・結ぶ」

護道では、自他護身のための一連の流れを「繋ぐ・包む・導く・結ぶ」という言葉で表現している。それは相手への敵対心からくる力み等の作為を抑えて、合理的な身体操作を行うための意識づけでもある。

【繋ぐ】
①向かい合った状態で「護道構え」をとって間合いを制する。
②脚止めを用いて正面からズレながら、先制防御で相手の攻撃手段である腕を封じる。
③〜④腕封じ（重ね抑え）で側面に回り込む。

【包む】
⑤〜⑧腕を差し替えて、さらに側面から背面へ移動して抱きかかえる。
⑨相手の抵抗する力を利用して腕を後ろに回して、肩甲骨を寄せるようにして諸手封じ。

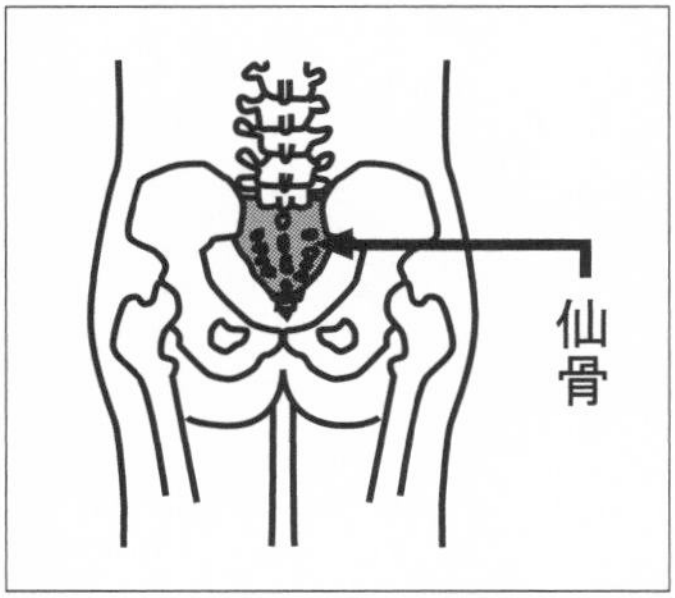

【導く】
⑩～⑪仙骨（※左図）の部分を押しながら相手の重心を前に進めつつ、自身は後ろに下げることでスペースを作り、坐位に誘導。

【結ぶ】
⑫背後から抱きかかえたまま、相手が落ち着くように呼吸を合わせてリラックスさせる。

一連の技を行う際には、レベルに応じて「錬成力」「一体化」「脳波移し」等を使って、相手の争う心身を根本的に鎮めることを目指す。

究極の護身術

ある福祉施設で空手や柔道などの武道をやっている支援者から「私たちも武道を長年やっているから、やっていること（護道の技術）はわかるけど、うちの利用者の暴れ方はひどいので、そんなことではとても押さえられない。甘くないんです！」と言われることがあり、後日、その施設へ見学に伺ったことがありました。

施設へ行くと、私はその手が付けられないという強度行動障害の利用者の隔離された部屋に案内されました。そして2人きりの状態でずっと1日、傍で見守ることになったのですが、全くパニックは起きませんでした。

その様子を見ていた武道をやっているという職員たちが「おかしいな〜。普段はこんなはずじゃないんですけど…。今日はたまたま何もなかったけど、あと1週間、いや、1カ月ぐらい来てもらえれば…」と言われていました。

しかし、私からすれば「この利用者がなぜ、日々暴れなければならないのか？」と疑問に感じました。

そもそも「ひどい利用者」「押さえられない」というワードからして、全くわかっていないなと感じていました。

時々、他の武道家の方に「我々も相手に最小限の痛みしか与えない、相手に痛みはなく動きを封じて押さえているだけなので、自他護身を目指す護道のやっていることはわかります。同じですよね？」と言われることがありますが、そういうことではないのです。

もちろん、日本の武道の和の精神としては、どの武道とも親和性はあります。ただ技術面で「痛いか？　痛くないか？」だけの問題ではないのです。

そもそも、我が子のために考えたのが発想のスタートですから、成り立ちが違うため、護道は単なる武道や格闘技の制圧術ではないのです。

例えば、古流柔術や護身術を標榜する武道で関節の可動範囲を制限して、うつ伏せに押さえながら「ほら、相手に痛みはなく動きを封じているから自他護身でしょ？」と言われたとしても、その逮捕術のような押さえ方を我が子にはしたくないのです。「できる、できない」の問題ではなく、「したくないし、してほしくない」のです。

護身術として「素早く眼を突く、急所を蹴るから、実践的でスゴイ！」みたいな発想は、なくなってしまいました。

「武術は殺し技だった、こうしたら殺せる」とかいうのも、武術オタクとして知識はあっても、そこにも重きをおいていないし、そもそも人を殺したいとは思わなくなりました。

相手を痛めつけるだけでいいなら、鍛錬なんてせずに武器を持てばいいわけです。何年もかけて拳を鍛えて相手を殴るより、100円ショップで売っている包丁のほうが貫通力は大きいわけですから、人を傷つけて破壊できることを自慢するのは幼稚だということは上原先生から学んだことです。

壊す（殺す）より、活かすこと。言い換えれば、破壊より、創造のほうが遥かに難しい。難しいからこそ、鍛錬する必要性があり、新たな発想が閃いた時は楽しく、また人からも喜ばれます。やっぱり、クリエイティブなことのほうが、私は好きなのだと感じました。

そして、介護士の経験を通じて目の前にいる相手を我が子だと考えて接すると、それが伝わるようで相手の脳波も変化し、落ち着くことがわかりました。これは「相手＝敵」という考え方では得られなかった発想であり、感覚でした。

当たり前のことですが、我が子がパニックを起こした時に、技が上手く使えるかどうかを目指しているわけではなく、子どもがパニックを起こさずに落ち着いて過ごせることを親は願っています。つまり、護道は技を覚えて使わない状態を望むものです。

このことは、喧嘩になる前に力を見せつけて威嚇することで相手に恐怖心を与えて諦めさせるというような発想ではなく、お互いの脳波が調和することで心地よい状態になり、暴れる必要がなくなるというのが本来目指すべき武の極意であり、護身術だったのではないかと感じるようになりました。

そうしたことがわかってくると話が矛盾しているようですが、日本武道の究極は一つだと感じることがあります。

例えば柔術では「柔に殺なし」、剣術では「鞘の内」といい、それら日本武道全体の理想として「神武不殺」という言葉があります。

元は「古之聰明叡知。神武而不殺者乎」という易経の繋辞上伝が原典といわれており、周の国祖である文王が殷を滅ぼす武力があるにもかかわらず、あえて戦争を行わずに泰然として時を待ったことから、聖人の徳の高さを称える言葉として伝わったものでした。

日本では儒学の素養に基づいて「神武にして殺さざる者」という言葉を、殺人術の修練を超えて活人術へと昇華することが武芸者の目指すべき理想という形で、捉え直したのではないかと考えられています。

つまり、武術は殺し合いの技術として発祥しましたが、その闘争の歴史の中で先人の武術家たちは、争いのスパイラルを断ち切るための「不殺」という意識に到達されており、これこそが日本武道の最大の特色であると感じています。

また幕末の剣聖・山岡鉄舟も所蔵していたことで知られる江戸時代の中頃に佚斎樗山によって書かれた『猫の妙術』という剣術指南本があります。内容は武術の極意について猫をモチーフに面白く描かれたものですが、その中に「我心に象なければ、対するものなし。対するものなき時は、角ものなし。是を敵もなく、我もなしと云。」という言葉が出てきます。

つまり、対立が起きるのは敵と認識されている自分がいるからであり、自分を消してしまえば対立は起きないということですが、これはまさに脳波が同調すれば敵がいない（自他の区別がない）ので相手は対立を起こせないため、ただ何も考えず動くと技になっている状態を言い表しているように感じました。

また教えるのは簡単で理解するのも簡単だが、それがわかっても自得するのは本人次第という話なども脳波の伝達に置き換えると腑に落ちるものがあります。

さらに脳波のことについて、海で7・8 Hzの周波数でオペラ歌手が歌うとクジラが上がってくることもあるそうで、その話を聞いた時に息子のことが浮かびました。息子も不思議と動物が寄ってくることがあり、ドルフィンセンターでイルカショーを見に行った際にはイルカが演技をやめて息子の傍に寄ってくることがありました。その時イルカは係員に促されても、しばらく動かず、明らかに息子をジーッと眺めていました。

子どもの頃に一時的にパニックを起こすことがあった息子ですが、今は完全に落ち着いています。根がとても優しく争いを好まない平和主義者であり、毎日、笑顔で過ごしています。そんな笑顔で過ごす息子の周囲では争いが起こらないのです。

そこで息子の脳波測定を行ったところ、予想以上の結果を得ることができました。ストレスを示す赤いグラフがほぼなく、「楽しい気持ちを意識してください」と測定者の横田先生に言われた瞬間、ブルーの波形がブワ〜ッと広がっていき、傍で脳波を見ていた私たちは思わず「おお〜スゴイ!」と声を上げるほど、まるで澄み切った空のように心が穏やかであることがわかり、私が技をかける際と同じ、シューマン共振を示す数値がたくさん見られました。

改めて周波数を基準に考えると、イルカが息子に近寄ってくるのも納得がいきました。

シューマン共振（共鳴）について、もう少し詳しく説明を加えておきましょう。１９５２年ドイツの物理学者であるヴィンフリート・オットー・シューマンが発見した地球の地表と電離層との間で極極超長波（ＥＬＦ）が反射をして、その波長がちょうど地球一周の距離の整数分の一に一致したもので、その周波数は7・83Hz（一次）、14・1Hz（二次）、20・3Hz（三次）と様々存在しています。

このシューマン共振7・83Hzという周波数は、人類誕生のずっと前から、地球の地表と電離層との間で、地球上の生命体を護るかのように存在しています。血液と海水の成分が似ているように、脳波とシューマン共振波に類似性があるともいわれています。

仮に人間を地球（自然）の一部と考えた場合、環境の安定を保つ7・83Hzという周波数を発生していくことは周囲の不安を解消していく役割を果たす可能性があるとも考えられます。もしかしたら、このことを昔の達人や偉人と呼ばれる方々は感覚的に感じ取っていたのかもしれません。そうだとしたら、驚異の直観力だと感じます。

私の脳波も技を使う際にはスローα波やθ波となり、シューマン共振を示す7・83Hzが多く見られました。それが空間を通して伝わっていることがわかったわけですが、それは簡単にいってしまえば、人の脳波を穏やかにしているから相手が協力体制になっているということになります。

福祉施設において私がいる場でパニックが治まったり、起こらなかったりしたのも、そうした脳波の同調だったのでしょう。もちろん、介護現場では周囲から見ている人にはわからないレベルで、兆しに気付いて先に対応しているということもありました。

しかし、上辺の活動のみを重視する支援者には「そばで見守っているだけでは何も支援をしていない」とか「そんなことでは治まらない」という人もいました。そうした考えの人は、支援とは目に見えるものが全てではないことを理解していないといえます。

そうしたことが理解できない支援員がいるところでは、施設の壁に穴が開いたり、いろいろな電気機器が壊されるなどの物損が起こっていたり、他害行為で怪我をする人、自傷行為が激しくなる人、過食が進み体重が増加したり、事業所に通えなくなる人も出てきているでしょう。

大切なのは上辺の目に見える行動ではなく、相手がどう感じているか？であり、最適な環境とは「どんな場所で何をさせるか？」よりも、「どのような状態の人と一緒に過ごすか？」が重要なのです。

まずは当事者自身が落ち着く状態がベースにあること。それを定着させることが、その後の本人の生きやすさに繋がることを理解する必要があります。そのことを、息子の脳波を見た時に確信しました。未来の福祉はそうした方向に進んでいるかもしれません。

人間は原始時代のほうがお互いに殺し合っていたといいます。さらに文明が進むにつれて戦争が起こりますが、同時に殺し合いが自由な世の中では誰も安心して住めないために法律がで

自閉症の息子の脳波には、シューマン共振（地球上の生命を護るかのような周波数）と一致する数値がたくさん現れた。

きて規制し合うようになりました。

しかしながら、その規制は罰則を伴うものであり、言い換えれば脅しともいえます。「もし人を殺したら、あなたも殺しますよ（死刑に処す）」と脅すことで抑止する管理社会であり、「もし戦争を仕掛けてきたら、あなたの国にミサイルを落としますよ」と脅すことでバランスを取る国際社会になっています。

しかし、それとは違うアプローチがあるということは面白いことです。

周波数のチャンネルを合わせれば、人も動物も地球そのものも一つに繋がることができる仕組みは、私たち生命体に与えられた宇宙からのギフトなのかもしれません。

同時に周囲の人が穏やかになる脳波は人類

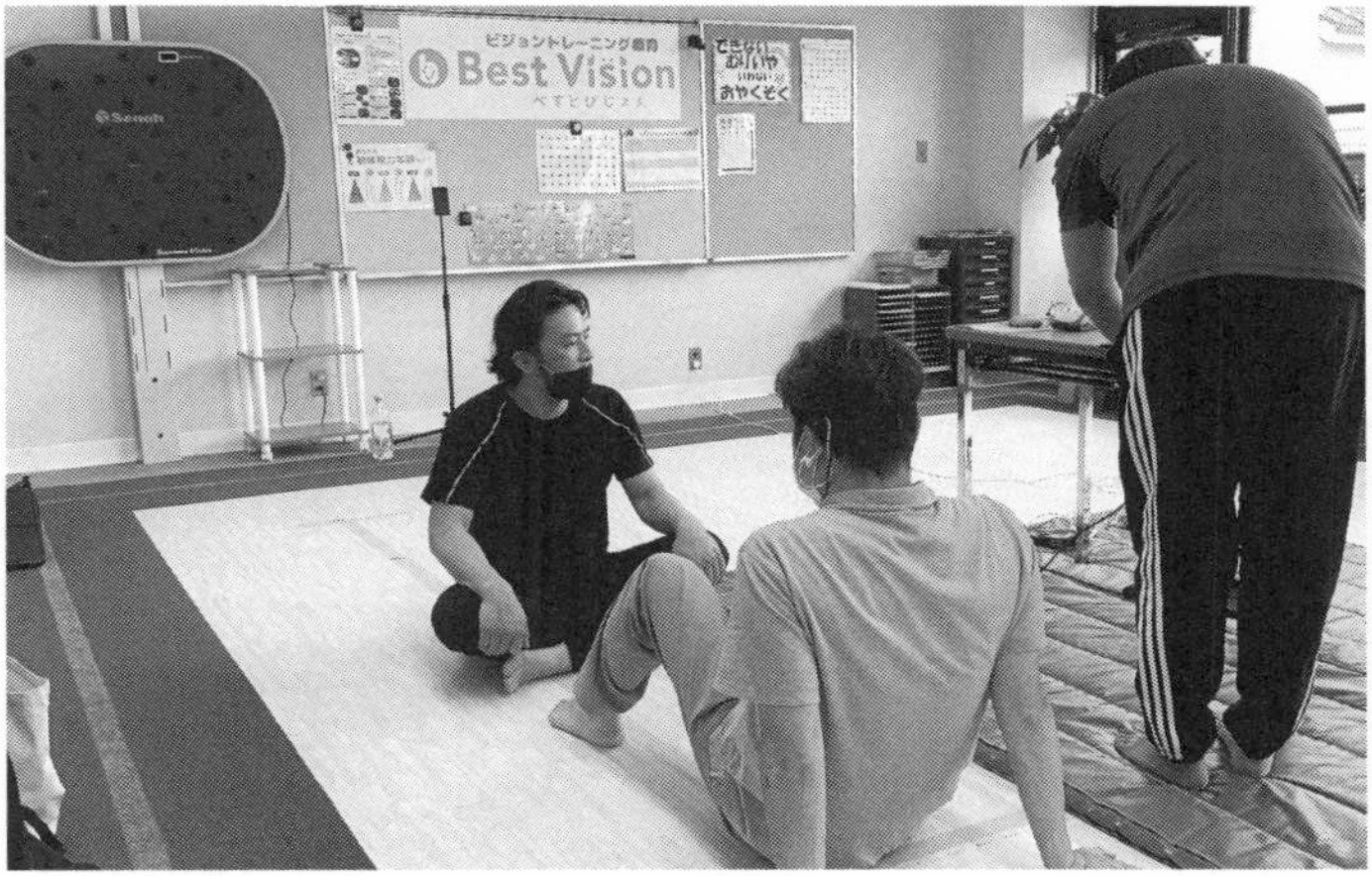

「脳波移し」の際の測定風景。争わずに収める極意のカギが、ここにあるかもしれない。

の希望のようにも感じます。

そう考えると息子を含め、障害者と呼ばれている人は自然や宇宙とリンクしている存在である可能性もあり、もしかしたら息子との暮らしや、障害のある方々の支援をしてきたことで、私の脳波が変わっていった可能性も考えられます。そうだとしたら、面白いなと思います。

周波数を基準として地球規模で見た場合、人間に…いや生物に差はないということではないか？と感じるからです。

日本武道における理想の境地である「神武不殺」と「和を以て貴しと為し」という精神が、自他護身を体現するために構築してきた護道には引き継がれています。

そんなお互いさまの心と技を通じて、誰もが共存できる社会環境に向けたパラダイムシフトを起こし、子どもたちが笑顔で過ごせる社会を残していくことが私の夢でもあります。

ここまで本書をお読みいただき誠にありがとうございました。皆様の武術修行や日常生活において何かお役に立てることがあれば幸いです。

そして、最後に親バカな一言をお許しください。偉大なる師である最愛の子どもたちへ。生まれてきてくれてありがとう！　家族の存在に感謝！

特別編

お互いを傷つけないから恐怖が消える

護道

強者より賢者になること

喧嘩で負けない強さ、いざという時に身を守れる肉体的な強さ、恐怖感に負けない精神的な強さ、できれば漫画やアクション映画の主人公のように強くなれたらいいなぁ……。そんな漠然とした「強さ」を求めて私は武道を習い出しましたが、その求める強さの概念は追いかけるほどに変化していき、いつしか私が求めている「強さ」は勝ち負けの概念では答えが出なくなっていきました。

最初は喧嘩で相手を打ち倒すことしか頭にありませんでした。それも徹底的にやっつけることを考えていました。それは今にして思えば、「もしかしたら相手に反撃されるかもしれないから叩きのめしておかないといけない」とか、「どんなことをしてくるか、わからないから手加減などしていられない」といった考えが心の中にあったからでした。つまり、当初私が抱いていた「強さへの憧れ」は自身の持つ「弱さ」の表れに過ぎないと感じるようになりました。

例えば小学生ぐらいの子どもが喧嘩を売ってきたとしても、相手を必死で打ち倒そうとするでしょうか？　結局のところ過剰に反応してしまうのは、「相手が怖い」と自分の心が感じてしまう「弱さ」の表れなのです。その恐怖感を打ち消すために「強くなる」努力をしていたのです。しかし、その方向性では恐怖感は解消されませんでした。

仮に自分が猫だったとしたら犬や狼が怖いのでライオンに憧れているようなものです。強いライオンになれば犬や狼に出会っても心に余裕が出ると考えたのです。しかし、その考え方では仮にライオンになれたとしても、さらに大きな動物が襲ってきたら、また同じような恐怖感を感じることになります。そうなると際限がありません。そして残念ながら猫は猫であり、その体格や資質は変えることができないのです。

相手を打ち倒すといった強さを求めていく限り、結局は恐怖感からは解放されないのです。ならば力の弱い者は強い者に怯え、何かあれば殺られるだけなのか？といえば、そうならないことが武術の叡智であり、存在価値でもあるはずです。自分よりも体格の大きな者や力の強い者と遭遇した時、その差を埋めるためにどうしたらいいのか？　刃物を持った相手と遭遇して恐怖感を感じる時、どうしたらいいのか？

そのために必要なことの一つは術理を学ぶということです。「術理」というと相手の突きを捌いて連打で反撃する、といった派手なアクションを連想される人もおられますが、そうした上辺の技ではなく、大切なことは技を支える原理や法則を理解するということです。

具体的にいえば、刃物を持った相手と遭遇した時、距離はどこまでが安全で、どこからが危険なのか？　片刃の包丁の場合、刃のついているほうは物が切れるが反対側は切れないといった刃物の構造などを知ることで、何が危険か？　どうすれば安全か？　ということがわかってきます。

遠く離れているところで刃物を持って構えられていても刺されることはないのですが、「刺されるかもしれない」という思いに意識を支配されると、恐怖を感じて固まってしまい、結果として逃げる機会を失い、相手が近づいてきて本当に危険な状態になります。

そうした不必要な恐怖感に意識が囚われるのは、知識が不足している部分も大きいということです。未知のものに対しては、人は恐怖を覚えます。原理や法則を学び、危険と安全を理解することは緊張感を緩和することに繋がります。

相手を傷つけないことが自分の恐怖感を抑える

もしも、お互いに刀を持って斬り合ったとしたら、相手を斬るか、自分が斬られるか、お互いが斬られるか、のいずれかになってしまいます。「刀に対して刀を持つ」といった発想では、勝ち負けの思考になりがちです。そのために剣術にはお互いに抜かずに事を収めるといった「鞘の内」という言葉があります。つまり「引き分け」です。

しかし、現実問題として「相手が切りかかってきたら？」ということを考えて、鞘から抜かないことを戒めとしながらも、日々、腕を磨いて刀を抜かせないぐらいのレベルを目指すわけですが、その境地に至れるかどうかは個人差があり、またその修行の半ばで襲い掛かられることもあるかもしれません。その際に相手が自分を上回る技量の場合は切り殺されてしまいます。

護道での「引き分け」の発想をたとえる時、「刀に対してモチ竿(ざお)を持つ」というイメージをしてもらいます。モチ竿とは、長い竿の先に鳥や昆虫を捕まえるのに使う粘着性の物質である鳥モチを塗りつけて獲物を取る道具のことです。刀で相手を斬るということは、お互いの刀が

相手を傷つけない引き分けの発想は、自他共に安全である

①相手を斬る間合いに入ると相手を斬ることもできるが……、
②相手に切り殺される可能性もある。勝負の発想では、緊張感や恐怖感が増し、お互いに危険である。
③相手を切り殺すのではなく、トリモチのついたモチ竿（イメージ）で、先に刀（攻撃武器）を使えなくするとお互いに傷つかずに済む。引き分けの発想なら、安全な位置から危険を回避できるため不要な緊張を避けることができ、お互いに安全である。

届く距離にあり、自分も斬られる可能性があります。危険な斬り合いの距離での攻防は避け、離れた位置からモチ竿で相手の刀をくっ付けて押さえてしまえば相手に刀を使わせずに済むため、お互いに傷つかず、「引き分け」に持ち込むことが可能になるということです。

つまり、剣術における、相手を一撃で切り殺すことができる腕を磨き、その力量差による気迫で相手に刀を抜かせないといった「鞘の内」ではなく、相手を傷つけることのないモチ竿で、攻撃武器を先に封じていくといった「先制防御」の意味は、最初から「相手を傷つけない」発想がベースにあります。

相手が怖いから闘う↓闘うから殴られて互いに傷つく↓その危険性を感じるから怖い↓怖いから強くなって相手を倒そうとするが、より強い未知の相手を想像するため、いつまでも恐怖感が付きまとう……。強さとは追いかけるほどに際限なく遠のくものなのかもしれません。

しかし、最初の「相手が怖いから闘う」という設定を「相手が怖いのは自分の心の表れ、だから心をコントロールして引き分ける」に発想を変えると、違った世界が見えてきたのです。そのことによって「争い事の問題解決には必ずしも強さは必要ない」「腕力的な強さでは根本的な解決はできない」ということにも気付くことができました。

そして「相手を傷つけない」という意識は、自分の恐怖感を抑えることにも繋がっていたのです。相手を傷つけようとするから自分も傷つく、そのリスクを回避するために相手を傷つけない戦略をとることは、自身の危険度を下げることにもなり、同時に引き分けることに意識をフォーカスすることによって不要な力みが生じず、リラックスにも繋がり、そのことが自分の恐怖感をコントロールしていることに気付いたのです。

「強さ・弱さ」の捉え方が変わるきっかけ

そもそも私の中にあった「強さ・弱さ」への意識を全面的に変えていった背景には、自閉症で知的障害のある息子の存在が大きく関係しています。先に挙げたような具体的な「自他護身」の発想は、障害のある子どもたちのパニック時に子どもたちも支援者もお互いに傷つかないための支援方法を模索する中で生まれたものでした。目先の「強さ弱さのこだわり」よりも「育児のために何をしたらいいいか？」ということに必死だったことが、私をそうした囚われから解放してくれたのです。

私が息子の障害を知った当時、誰にも息子のことを相談することができませんでした。そんな悩みを抱えて悶々としていた頃に「強さ・弱さ」への意識がさらに変わる出来事がありました。

それはある日、1人で大阪の繁華街をブラブラと歩いている時のことでした。工事現場の作業服をきた大柄な男が、通行人に対して手当たり次第に罵声を浴びせて喧嘩を売っているところに遭遇しました。その男に因縁をつけられた男性が胸を突き飛ばされたのを見た私は、すかさずその男と、突き飛ばされた男性との間に割って入りました。

しかし、この時の行動は喧嘩の仲裁のためではなく、不謹慎ながら代わりに喧嘩を買って自身のストレスを発散させようということが目的でした。男は私に対して睨んできて、その間に突き飛ばされた男性は立ち去っていきました。私は心持ち半身に構えたまま、男の前で何も言わず黙って睨み返していました。

しばらく睨み合っていると、男は「兄チャン、何か格闘技とかやってんのか？」と話しかけてきました。私は黙ったまま何も答えませんでしたが、男は急にフッと人なつっこい笑顔になり、「まあええ、ワシがおごるから、ちょっと飲みにいかへんか？」と言われ、私もなぜか「まあいいか」と思い、見ず知らずの男についていき、近くの飲み屋に入りました。しばらく2人で黙って飲んでいると、さっきまで喧嘩しようとしていたことが、だんだん可笑しくなってきて、「ま、いろいろありますよね」と、今度は私から話しかけていました。それを聞いた作業服の男も「そうやな」と答え、それからはお互いのことについて話をしました。

この男性の仕事は建設現場の親方で、今度小学生になる娘さんが1人いるらしいのですが、離婚したため娘さんは奥さんが引き取ることになり、現在は一人暮らしをされているということでした。私もなぜか初対面の親方に友人にも話せなかった息子の話などをしていました。そして話が少し途切れた時、親方は自身の持ち物であった紙袋の中から、綺麗に包装された箱を取り出しました。

「これな、色鉛筆のセットが入っとんねん。娘の入学祝いに買うたんや。絵が上手な子やからな。そやけど娘に会わせてもらえんのよ……」

そう言うと、親方の目から涙が流れました。私には離婚の理由はわかりませんでしたが、一人娘の入学式にも出れず、入学祝いすら受け取ってもらえなかった悲しみが、その表情には溢れていました。どんな人でも個々の悩みがあり、人はその一面だけでは判断できないなと考えさせられました。

そして親方は「でも他人さんにあたったらいかんわな」と自らの行動を反省されていました。

私もストレスのはけ口として喧嘩しようとしていたのは同じですので、反省を述べ、「お互いにがんばりましょう！」と言って別れました。

家路へと向かう途中、「あのオヤジさんと喧嘩しなくてよかった」と心から思い、それまでの「単なる喧嘩での勝ち負け」や「相手を打ち負かすための強さ」が、徐々に自身の求める強さの対象から外れていくきっかけの一つになりました。

「本当の強さ」とは何か？

この親方との出来事のように、これまでは表面的な部分だけを見て「ただ暴れている乱暴者」というふうに捉えていましたが、暴れているだけにしか見えなかった人にも何らかの暴れる理由があり、そしてその人にも確実に産んだ親がいて、もしかしたら兄弟や子どもなど家族がいるかもしれないこと、友人や恋人などもいるのかもしれない、などと少し考えるようになりました。

私は障害のある息子の育児を通じてパニック時に対象者も支援者もお互いが傷つかない方法を模索する中で、一見ただ暴れているように見えるパニックも実は上手く伝えることができない心のサインであることを知りました。

そして、パニックを治めるには「心のサイン」は何か？を読み解きながら、そのベースとなる身体の状況までも改善していくことが、パニックの根本的な解決に繋がることに気付きました。こうして育児やヘルパーでの仕事を通じた学びが「自他護身」の術理の中にも生かされています。

冒頭で述べたとおり、武道を習い出した当時、私は相手を打ち倒す「強さ」を求めていましたが、それこそが自分の中にある「弱さ」なのだと気付いたことが、現在私が指向している「自他護身」の始まりとなっているように思います。強さの方向性は人によって様々だと思いますが、「本当の強さ」とは何か？を見いだし、それを形作っていくには、自分の「弱さ」を知ることは欠かせないことだと考えています。

今の私が目指すべき強さは、お互いが傷つかないように調和してバランスを取る「自他護身のための心身の強さ」だと感じています。

著者◎廣木 道心 ひろき どうしん

国際護道連盟宗家。支援介助法創始者。1972 年生まれ。17 歳より少林寺拳法、芦原空手、居合剣術、中国拳法、ボクシング、ムエタイ、サバット、ブラジリアン柔術などを学び、ノールールの野外試合も多数経験。知的障害のある息子の育児経験から、護身術と福祉のサポート技術を総括した武道「護道」を創始。著書に『発達障害・脱支援道』『自傷・他害・パニックは防げますか？』（花風社）、『発達障がいのある子どもへの支援介助法』（ナカニシヤ出版）など多数。

護道公式 HP　https://go-do.net/
道心ブログ　https://ameblo.jp/doshin01/

本文デザイン● 澤川美代子
装丁デザイン● やなかひでゆき

◎本書は、武道・武術専門誌『月刊秘伝』2013 年 3 月号～ 12 月号、2014 年 3 月号、5 月号に連載された「" 自他護身 " に生きる」、及び 2014 年 1 月号に掲載された記事をもとに新たに加筆・修正を行い、単行本化したものです。

護道（ごどう）の完成 自他を護る実戦武道

路上の戦いから神武不殺の極意へ

2021 年 10 月 5 日　初版第 1 刷発行

著　者　　廣木道心
発行者　　東口敏郎
発行所　　株式会社 BAB ジャパン
〒 151-0073 東京都渋谷区笹塚 1-30-11　4・5F
TEL　03-3469-0135　FAX　03-3469-0162
URL http://www.bab.co.jp/
E-mail　shop@bab.co.jp
郵便振替 00140-7-116767
印刷・製本　　中央精版印刷株式会社

ISBN978-4-8142-0414-4 C2075

DVD Collection
INTERNATIONAL GODO FEDERATION
国際護道連盟
護道 廣木道心
武の達人
その研究と実践
共通点と仕組みが
実用レベルで分かる、使える
「屈強な男を簡単に投げ飛ばす」「さりげない動きから強大な力を出す」「渾身の攻撃を少しも当てさせない」。予想外の出来事に観る者が驚く「神技といわれる武術の動き」を護道・廣木道心宗家が徹底解説。流派を超えた「武の達人」の共通術理とやり方がよく分かる内容となっています。
Contents
■達人技の共通点
1）自分の脳と身体を変える
2）相手の脳と身体を変える
3）脳波を変える…潜在意識の操作
■達人技の術理
○合気上げ・合気下げ
○寸勁・化勁
○無想・霊波
■達人達の身体操作
○異次元の捌き
○先を捉えて制する
○達人技という技術
■護道の術理
1）先制防御…護道構え
2）繋ぐ・包む・導く・結ぶ
3）脳波移し…達人技の体験
■現代社会に活かす
○介助での対応技術…噛みつき
○護身・武術としての活用
指導監修◎廣木道心　ひろき どうしん　国際護道連盟宗家
'72年生。芦原空手、居合剣術、中国拳法、ブラジリアン柔術など様々な武術・格闘技を学ぶ。'98年、本部御殿手・上原清吉氏と邂逅し更なる修行に励み、'00年「総合武術・躰全道」を創始。知的障害のある息子の育児の経験から自他護身という新しい理念を生み出し'08年に「護道」を創始。現在、武術指導と同時に、応用である介助法の指導を福祉施設にて行う。
武道武術の
神技を徹底解明！
合気の技術
発勁 化勁
反応の操作
護道 廣木道心
武の達人
その研究と実践
How to Acquire the Skill of Masters in Budo
BABジャパン
武道武術DVD
好評発売中
収録時間56分
5,500円（10％税込）
DVD VIDEO

脱力のプロが書いた!　世界一楽しくわかる極意書!

「動き」の新発見

読んだ瞬間から、動きが変わる!“目からウロコ”の身体操作の知恵!　誰もがまだ、自分の身体を知らない。40 歳になっても 80 歳になっても、新しい気づきがあります。人生 100 年が最高に面白くなる、ワクワク体験をし続けよう!　スポーツ・武道はもちろん、すべての日常動作と人生の質も UP します。身体の可能性を引き出すヒントが満載の一冊です!

●広沢成山 著　●四六判　●208頁　●定価1,540円（税込）

やわらの動き方　相手に作用する!反応されない!

「肩の力」を抜く!

簡単だけどムズかしい?“脱力”できれば、フシギと強い!　筋肉に力を込めるより効率的で、“涼しい顔”のまま絶大な力を相手に作用できる方法があった!　柔術は、人との関わりのなかで最高にリラックスする方法。日常動作や生き方にも通じる方法をわかりやすく教える!

●広沢成山 著　●四六判　●220頁　●定価1,650円（税込）

感情=身体エネルギーで、「思い通り」を超える能力が発現

再創造する天性の「動き」!

最高のパフォーマンスを生む真の“気持ち良い動き”とは?　言葉を介さずに自己の内面を表現し他者と共有するマイムアーティストである著者が、アートマイムの探求から辿り着いた「感情=身体」のコントロールで、誰もが眠っていた運動センスを開花できる。感情は、私たちの“外”にあった!　動物的な意味での人間になる!　エモーショナル・ボディワークを公開!

● JIDAI 著　●四六判　●248頁　●定価1,540円（税込）

筋トレ・ストレッチ以前の運動センスを高める方法

「動き」の天才になる!

力みなく、エネルギーを通す、最大効率の身体動作を学ぶ!　無理な身体の使い方だと気づかずにトレーニングすれば、早く限界が訪れケガもしやすい。思考をガラリと変えれば、後天的に運動神経が良くなる!　エネルギーラインが整った動きは、気持ち良い。語り得なかった“秘伝”をわかりやすく!　スポーツ、ダンス、演技、武術…etc．あらゆる動作が向上!

● JIDAI 著　●四六判　●256頁　●定価1,540円（税込）

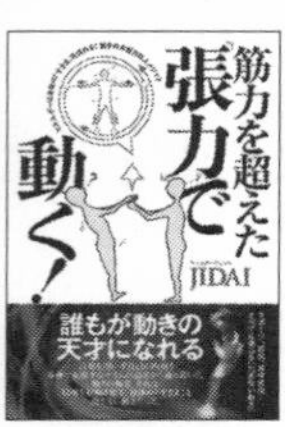

エネルギーは身体の「すきま」を流れる!
動きの本質力向上メソッド

筋力を超えた「張力」で動く!

誰もが動きの天才になれる!　言葉を用いず自己の内面を身体で表現するマイムの追求から辿り着いた、動きの極意。それは、局所を収縮させず、身体の「すきま」を潰さない動きだった。　全身をつなげ、エネルギーを通す!あらゆる「動き」が質的転換される方法をわかりやすく紹介。

● JIDAI 著　●四六判　●208頁　●定価1,540円（税込）

BOOK Collection

新装改訂版　伊藤式胴体トレーニング入門

天才・伊藤昇の「胴体力」

〈伸ばす・縮める〉〈丸める・反る〉〈捻る〉三つの胴体の動きが身体に飛躍的な変革を起こす!　稀代の武道家が創出した究極メソッドに体を動かすプロが注目!　無理・無駄のない身体運用で「動きの質」が達人の域に!!　一般人でも明らかに変わる身体機能向上メソッドで、繊細かつスピード、パワーが増大!!　第11刷発行のロングセラー書籍をハンディ版に再編集!

●月刊『秘伝』特別編集　●A5判　●240頁　●定価1,760円（税込）

誰でも必ずできる!

パワーヨガ 浮上系ポーズ

『アレクサンダーテクニークで実現する究極のポーズに秘められた究極の心身へのスイッチ』　自宅でできる全身運動!　腕力の問題ではありません!　女性でもできるようになります!　アレクサンダーテクニークに基づいた段階的練習で、無理なく合理的に浮上系ポーズを完成させていきます。できたら世界が変わります!

●吉田篤司 著　●四六判　●256頁　●定価1,540円（税込）

「内功」で自然のパワーを満たして使う

武術で勝つ瞑想法

筋力も技も超越する、究極のトレーニング!　古来より、中国少林寺の武僧も日本の武士や剣術家も、坐禅・瞑想を欠かさなかった。相手の動きを未然に察知し、無心で最善の動きが発動する境地へ。実戦で使える「内功」のチカラ!　K-1、ムエタイ、ボクシング等、一流プロ選手への指導実績も多数!　中国で散打チャンピオンに輝いた著者が伝授!

●岡部武央 著　●四六判　●196頁　●定価1,650円（税込）

最強のバランス力を生む、トライポッド・メソッド

重力を使う!立禅パワー

地面とつながり、地球の力を流す!“筋力を超えた”武術の力の出し方!　サッカー、バスケなどの接触プレーでも当たり負けしない!　両足裏2点と手や腕などの身体を1点、計3点が外部と接触した状態で整った体勢を維持し続け、地球の重力を味方にする。中国武術·気功の基本にして極意「立禅」が生む合理的で不思議な力は、生来誰もが持っていた!

●松井欧時朗 著　●四六判　●212頁　●定価1,540円（税込）

身体中心の意識が、秘めた能力を引き出す

丹田を作る!丹田を使う!

武道、スポーツ、芸道、メンタルに効果絶大!　古来より伝わる能力開発の到達点!　ヘソ下3寸、下腹の中にある丹田は古くから日本で重視されてきた。頭（脳）偏重で混迷を極める現代、肚（ハラ）に意識を沈め、自然摂理にしたがった叡知を呼び覚ます。

●吉田始史 著　●四六判　●176頁　●定価1,540円（税込）

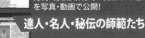